Matthias Rickling

Ostfriesland

55 Meilensteine der **Geschichte**

Menschen, Orte und Ereignisse, die unsere Region bis heute prägen

SUTTON

Inhalt

HERAUSRAGENDE PERSÖNLICHKEITEN

BEDEUTENDE ERRUNGENSCHAFTEN UND TECHNIK

Vorwort

„Ik weet: Jo weiht to gruuw de Noorderwind,
De kolt un solt un swaar van Vörjahrskracht
Hoog över d' Dieken suust."

Ostfriesland ist die nordwestdeutsche Küstenregion, die den Großteil der Halbinsel zwischen Dollart und Jadebusen ausmacht und wie eine geballte Faust von Meer und Menschenkraft aus dem Festland herausmodelliert wurde. Eine Landschaft der Extreme, die es den Bewohnern nie leicht gemacht hat. Angelockt von den fruchtbaren Böden der Marsch stellen sich die Einheimischen seit mittlerweile 2.000 Jahren, seit die ersten Wurten aufgeworfen wurden, dem ständigen Überlebenskampf. In einem tausendjährigen Prozess stemmten sie sich mit Deichen gegen jene Naturgewalten, die mit halbtägiger Flut, Strömungen und Sturmwinden gegen sie anbrausten. Denn Sintfluten, woanders Sagen und Schauergeschichten, sind hier erlebte Erinnerung. Trotz herber Rückschläge gaben sie nicht auf. Mühselig entwässerten sie die lebenswichtigen Fluren, rangen selbst den kulturfeindlichen Mooren eine Lebensgrundlage ab und stellten dem erbarmungslosen „Noorderwind" Bäume und Hecken entgegen. Daher kommt es, dass Ostfriesland eine der am stärksten von Menschenhand geprägten Gegenden Deutschlands ist.

Es ist eine Region, die sich in die Lebensräume Geest, Moor und Marsch sowie den Küstensaum gliedert, dem die amphibische Landschaft Wattenmeer sowie eine Inselkette aus Schwemmsanden vorgelagert ist. Das ist der „Fries", der äußerste Rand des Festlandes. Ein Schauplatz ewigen Kräftemessens, bei dem der römische Dichter Plinius der Ältere im Zweifel war, ob er „diese Gegend für festes Land oder einen Teil des Weltmeeres halten" sollte. Die Friesen, mithin die Ostfriesen, sind also „die am Rande Wohnenden", deren Wesen erheblich vom ewigen Kampf mit den salzigen Wogen und von der Abgeschlossenheit der Landschaft beeinflusst wurde. Vielleicht war es die Unberechenbarkeit des Meeres, jene ruhelose Urnatur, der die Ostfriesen einst ständig ausgesetzt waren, die diesen vorsichtigen, ja argwöhnischen Menschenschlag hervorgebracht hat, der ungern Einblicke in sein Inneres gewährt.

Die dreigestreifte Flagge Ostfrieslands mit den Wappen der wichtigsten Häuptlingsfamilien.

Der Wasserturm von Langeoog bietet innen und außen Sehenswertes.

Um sich dem Charakter dieses besonderen Landes und seiner Bewohner ein wenig zu nähern, werden im Folgenden 55 Kapitel aus der langen Geschichte Ostfrieslands aufgeblättert. Neben historisch bedeutsamen Örtlichkeiten und denkwürdigen Ereignissen, besonderen Errungenschaften und Traditionen werden eine ganze Reihe von Persönlichkeiten mit ostfriesischen Wurzeln vorgestellt, wie sie unterschiedlicher kaum sein könnten. Die Auswahl dieser Meilensteine ist einzig der Willkür des Autors geschuldet und möchte einen ebenso abwechslungsreichen wie unterhaltsamen Einblick in einen Landstrich geben, in dem sehr viel mehr steckt, als es scheint.

Viel Freude damit wünscht

Matthias Rickling

1 Die Gottesschule im Eibenwald
Monasterium Sanctae Mariae in Scola Dei

Wälder üben stets eine unglaubliche Faszination aus, umso mehr, wenn die Gehölze rar gesät und von Mysterien umwoben sind. Der Ihlower Forst ist einer der ältesten Wälder Ostfrieslands und fasziniert in seinem schattigen Herzen mit der Imagination einer riesigen Kirche: dem ehemaligen Kloster Ihlow.

Im Verlauf des 13. Jahrhunderts erlebte Ostfriesland einen regelrechten Kirchenbau-Boom, sodass in der Region bis heute eine Dichte an hochmittelalterlichen Gotteshäusern anzutreffen ist, wie es in Deutschland selten ist. Zudem wurden vom 13. bis zum 15. Jahrhundert ungewöhnlich viele Klöster, Stifte und Kommenden gegründet, die jedoch die Reformation nicht überstanden. Die unterschiedlichsten Kongregationen entdeckten Ostfriesland vergleichsweise spät, weil sich auch jene adelige Schicht recht spät entfalten konnte, die bereit und fähig war, für das Seelenheil eine Stiftung mit Land und Geld auszustatten. Als eine der ersten Einrichtungen entstand kurz vor 1200 die Benediktinerabtei Meerhusen im Auricherland.

Nach etwa zwanzig Jahren baten die niedergelassenen Nonnen und Mönche jedoch darum, im Orden der Zisterzienser aufgenommen zu werden. Der Bitte wurde entsprochen und das Doppelkloster Meerhusen in ein Frauenstift verwandelt, während für die Mönche auf einer Lichtung inmitten des Ihlower Forstes ein neues Kloster errichtet wurde. 1228 wurden die abtrünnigen Nonnen und Mönche vom Zisterzienserorden aufgenommen und das neue Mönchskloster „Monasterium Sanctae Mariae in Scola Dei“ gegründet. Die Gottesschule im Eibenwald (Yl-loh, Ihlow) entwickelte sich rasch zu einer im gesamten Nordwesten einflussreichen Einrichtung, deren Vorsteher immer wieder von Päpsten mit heiklen Missionen betraut wurden. Auch lokalpolitisch errang das Kloster zunehmend Bedeutung. So geht man heute davon aus, dass im Kloster das Siegel und die Urkunden des Landfriedenbundes (Upstalsboom) aufbewahrt wurden, der im 13. Jahrhundert ganz in der Nähe tagte und die „Friesische Freiheit“ garantierte. Vermutlich wurde hier auch der Brokmerbrief verwahrt, der in Streitfällen als maßgebliche Rechtsgrundlage herangezogen wurde.

Nach dreihundert Jahren fand das Wirken der Mönche im Jahr 1529 ein Ende. Das Kloster wurde säkularisiert und die gräflichen Landesherren bemächtigten sich des Besitzes, verkauften das Inventar, lösten das Archiv auf und ließen die Klosterkirche abreißen – das politisch, wirtschaftlich, kulturell und religiös bedeutsame Juwel fiel dem Vergessen anheim. Erst seit den 1980er-Jahren wird das Gelände des ehemaligen Klosters intensiv untersucht und archäologisch erforscht. Dabei kamen nicht nur die Grundmauern einer fast 70 Meter langen

Die faszinierende „Imagination“ der Klosterstätte Ihlow.

Klosterkirche zutage, sondern auch ein höchst ungewöhnliches Grab. In einer aus Backstein gemauerten Kiste fanden sich Teile von zwei Skeletten, die unmittelbar aufeinander lagen. Wahrscheinlich handelt es sich um die sterblichen Überreste der Schutzherren und Häuptlinge Keno II. tom Brok und seines Sohns Ocko II., der verfügt hatte, seinen Leichnam im Grab seines Vaters zu bestatten.

Heute ist die einstige Klosterstätte inmitten des Eibenwaldes ein archäologischer Park mit verschiedenen Gärten und Ausstellungen. Im Zentrum erhebt sich weithin sichtbar eine moderne, 45 Meter hohe Teilrekonstruktion aus Holz und Stahl. Diese „Imagination“ veranschaulicht eindrucksvoll die Dimensionen des einstmals größten Gotteshauses zwischen Bremen und Groningen.

2 Vom steinernen Heim der Hovetlinge
Häuptlingsherrschaft in Bunderhee

Im Rheiderland markiert ein leuchtend rotes Backsteingebäude den tiefgreifenden Wandel, dem die ostfriesische Gesellschaft im Lauf des 14. Jahrhunderts unterworfen war. Sturmfluten, Absatzkrisen und Pest hatten die Bevölkerung gebeutelt – und den Aufstieg der Häuptlinge begünstigt. Die authentischste Häuptlingsburg in Ostfriesland ist das Steenhuus von Bunderhee.

Ganz im Westen der ostfriesischen Halbinsel, nahe der Dollartbucht und direkt an der Landesgrenze zu den Niederlanden erhebt sich seit dem 14. Jahrhundert eine dreigeschossige, etwa 15 Meter hohe Backsteinanlage, die weithin sichtbar den Herrschaftsanspruch ihrer Besitzer demonstrierte. Auch wenn das markante Gebäude zunächst nur als Schutz- und Speicherbau diente, so war es in jener Zeit durchaus eine Besonderheit. Denn in der seinerzeit gültigen Rechtsgrundlage, dem sogenannten Brokmerbrief, stand die grundsätzliche Gleichheit aller Bewohner im Vordergrund und verbot den Bau von Befestigungen. Dort hieß es, dass „da keine Burgen und Mauern und keine hohen Steinhäuser sein dürfen". Bei Missachtung waren hohe Strafen zu erwarten, auch für die gewählten „Redjeven" (Richter, Ratgeber), sollten sie das Verbot nicht umsetzen.

Man darf also annehmen, dass für den Erbauer des Steinhauses zu Bunderhee besondere Privilegien galten. Vermutlich gehörte er zur ostfriesischen Variante eines spätmittelalterlichen Ritters. Diese „hovetlinge" oder „Häuptlinge" traten infolge der multiplen Krisen des 14. Jahrhunderts hervor, die einen tiefgreifenden demografischen Wandel und eine politische Neuordnung nach sich zogen. Tatsächlich hatten einige Ostfriesen die Not und Bedrängnisse besser überstanden als andere, waren danach vom Wohlstand begünstigt worden und schickten sich nun an, für die Sicherheit jener zu sorgen, die ringsherum um ihr Überleben kämpften. In jenen Tagen gingen vielerorts die genossenschaftlichen Ideale der vielbeschworenen Friesischen Freiheit verloren.

Die Häuptlingsfamilien begannen sich von der einfachen Bauernbevölkerung abzusetzen, eigneten sich besondere Rechte an und bildeten allmählich eine herrschende Gesellschaftsschicht. Spätestens ab 1350 wurde die Bezeichnung „hovetling" als Standestitel geführt, der mit Rechten und Autorität verknüpft war, die nicht mehr von der Gemeinschaft zugestanden, sondern als familiäres Eigentum verstanden wurden. Die damit einhergehende Macht wurde fortan bitter verteidigt. Um ihr Ansehen und ihre Entschiedenheit kundzutun, errichteten die Häuptlinge neben ihren Wohn- und Wirtschaftsgebäuden kostspielige Speicher- und Schutztürme aus Stein. Ein solches „festes Haus" hatte einst Fenster wie Schießscharten, einen hochgelegenen Eingang und war sogar von einem Graben umgeben. Dies war ein deutliches Zeichen

Das „feste Haus“ von Bunderhee.

von Wehrhaftigkeit und eine Manifestation von Besitz und Machtanspruch. In Bunderhee war der Wassergraben sogar mit dem Dollart verbunden und bot einen direkten Zugang zum Meer.

In der Mitte des 15. Jahrhunderts, mit dem Aufstieg der Cirksena in den Stand der Reichsgrafen, fand die Zeit der Häuptlingsherrschaften ein Ende. Endlich konnte die jahrzehntelange Zwietracht und Fehde unter den Häuptlingsfamilien beigelegt werden. Und mit dem Frieden trat der Wehrcharakter der Steinhäuser in den Hintergrund, Wohnlichkeit zog ein. Der Eingang wurde ebenerdig, die Fenster wurden größer, es gab Treppen und Kamine. Im 17. und 18. Jahrhundert erhielt das „Steenhuus“ in Bunderhee einen großzügigen und komfortablen Anbau im Barockstil. Der Häuptlingsturm jedoch blieb erhalten und gilt heute als bedeutendster Profanbau Ostfrieslands, der einen faszinierenden Zugang zur Geschichte der friesischen Häuptlinge bietet. Und sollte einem Besucher der uralten Gemäuer eine weiße Frau begegnen … so befindet er sich in einer anderen Geschichte.

3 Die glorreichen Sieben
Von der Friesischen Freiheit

Ein Versammlungsplatz, der ein Totenhügel ist, ein „Boom", der kein Baum ist, und sieben Länder, die fast 30 zählen. All dies trifft an einer Stätte aufeinander, die den Ostfriesen als nahezu sakraler Ort gilt. 1595 wurde ein einst unscheinbarer Ort zum Sinnbild des friesischen Widerstands gegen jedwede Machtansprüche erklärt: der Upstalsboom.

Der ebenso merkwürdige wie symbolische Ort liegt auf einem flachen Geestsandrücken, den eine Familie während des frühen Mittelalters (8./9. Jh.) zur Grablege bestimmte. Das belegen neben Töpfen und einem Schwert auch drei Urnengräber sowie drei reich ausgestattete Körpergräber, die von Archäologen in dem aufgeworfenen Grabhügel geborgen wurden. In diesen frühen Tagen des Mittelalters entwickelte sich in Ostfriesland jene einzigartige Sozialstruktur, auf die man noch heute stolz ist. Vermutlich waren es schlichtweg wirtschaftliche Gründe, die hier die Ausbildung eines Feudalsystems wie andernorts verhinderten und dafür besondere bäuerliche Freiheitsrechte förderten. Statt ein Feudalsystem zu bilden, in dem die Untertanen Eigentum eines Grundherrn waren, blieben die Friesen einzig der Krone des Deutschen Reiches verpflichtet. Zudem befreite Karl der Große sie vom Militärdienst in fremden Gegenden, damit sie sich auf heimatlichem Boden gegen Feinde zur Wehr setzen konnten.

Im gemeinschaftlichen Kampf gegen aufbrausendes Wasser und angreifende Mächte formten sich die kleinen autonomen Gemeinden zu einer genossenschaftlichen Organisation, aus der nur eine kleine Schicht bäuerlichen Adels hervorragte. Vermutlich sorgte die stetige Gefahrenabwehr, die nur gemeinsam geleistet werden konnte, dafür, dass sich kaum Standesunterschiede bildeten. Bis ins 11. Jahrhundert konnte man so einer hierarchisch geprägten Herrschaft widerstehen und ließ sich nach außen durch gewählte Richter, sogenannte Redjeven, vertreten.

Diese Gemeinschaft der „Freien Friesischen Länder" reichte in ihrer Blütezeit um 1300 von den Niederlanden über Ostfriesland bis hin zum Land Wursten und vereinigte bis zu 27 Landesgemeinden. Die Abgesandten dieser „Sieben Seelande", wobei die Sieben eine unbestimmte Vielzahl meint, trafen sich nahe Aurich auf einem erhabenen Versammlungsplatz, dem Upstalsboom. In unregelmäßigen Abständen fanden diese Treffen nachweisbar von etwa 1100 bis 1327 statt. Etwa ab Mitte des 14. Jahrhunderts verlor dieses Treffen an politischer Bedeutung. Häuptlinge und Grafen griffen nach Einfluss und Macht, und der Upstalsboom geriet in Vergessenheit. 1595, nach der Emder Revolution und Vertreibung der Grafen, holte der Historiker Ubbo Emmius den alten Versammlungsplatz aus der Erinnerung hervor und beschrieb ihn als Symbol der Einigkeit und des Widerstands gegen obrigkeitliche Herrschaftsansprüche.

Ein Symbol von Widerstand und Einigkeit.

Zwar blieb der Name des Platzes fortan im Gedächtnis, der Ort selbst war bis weit ins 19. Jahrhundert hinein ein unscheinbarer Hügel, auf dem sich ein paar Bäume erhoben. Nur wenige Stimmen waren zu vernehmen, die die Bedeutung der Örtlichkeit hervorheben wollten. Erst als einige Landwirte sich anschickten, den Hügel unter den Pflug zu nehmen, meldete sich die Rechtsnachfolge der freien und eigenständigen Stände zu Wort. Die Ostfriesische Landschaft erwarb das Grundstück und setzte 1833 jene Feldsteinpyramide, die bis heute den Upstalsboom markiert. Übrigens lag bereits Ubbo Emmius mit dem Gedanken falsch, es handele sich bei diesem Boom um einen „Upstals-Baum". Vermutlich ist ein bearbeiteter Baum gemeint, vielleicht ein Schlagbaum oder ein Pfahl, an dem man das Vieh der Gemeinschaftsweide (Upstal) anband.

Auf den meerentrung'nen Wiesen
An der wilden Nordsee Strand,
Wohnen wir, wir freie Friesen,
Stolz auf unser Vaterland.

4 „Cliner Wind“
Lebensfreude am Siel

Wo einst nur Möwen, Wind und das Wattenmeer regierten, entstand im 18. Jahrhundert ein Ort, wie er beschaulicher kaum sein kann. Bunte Boote, gemütliche Terrassen und historische Fassaden strahlen Ruhe und Behaglichkeit aus. Wer mag ahnen, dass Carolinensiel einst als quirliges, weltoffenes Pflaster verpönt war. Die skeptischen Nachbarn sprachen vom „Cliner Wind“.

Wer sich am alten Hafenbecken mitten in Carolinensiel niederlässt, um den idyllischen Häuserkranz zu betrachten und dem seufzenden Gluckern der anliegenden Krabbenkutter zu lauschen, mag kaum glauben, dass es hier vor rund 300 Jahren nichts gab. Gar nichts. Das ganze Gebiet zwischen Neuharlingersiel und Minsen war auf voller Breite und bis Funnix im Landesinneren ein Ausläufer der Nordsee. Ab dem frühen 17. Jahrhundert begann man schließlich damit, auch die Harlebucht mittels Deichbau trockenzulegen. Mit dem Fortschritt der Landgewinnung verwandelten sich einstige Küstenorte allmählich in Binnenlandgemeinden, während die neue Wasserkante zunächst unbesiedelt blieb. 1729 konnte schließlich auch dort, wo das kleine Flüsschen Harle ins Meer mündet, die Eindeichung abgeschlossen werden. Den ehemaligen Meeresboden, der sich bald in fruchtbares Marschland verwandelte, nannte man zu Ehren von Fürstin Sophie Karoline von Ostfriesland Carolinengroden.

Um die Entwässerung der Moore über die Harle weiterhin zu gewährleisten, wurde in den Deich ein Siel eingebaut, das mit relativ simpler, aber bewährter Technik das abströmende Flusswasser hinaus-, das heranströmende Meerwasser aber nicht hereinließ. Dabei spülte das austretende Wasser immer tiefere Fahrrinnen ins Watt, was in Verbindung mit der schiffbaren Harle im Hinterland ideale Voraussetzungen für einen Hafenplatz ergab. Also hob man in einer u-förmigen Nische des Deichs ein erstes Hafenbecken aus. Und in der Tat fanden sich im März 1730, nur wenige Wochen nach dem Aufruf von Fürst Georg Albrecht von Ostfriesland, fast zwei Dutzend Siedler ein, die willens waren, hier ihr Glück zu versuchen. Jeder erhielt rings um das Hafenbecken ein Grundstück zugewiesen, dazu ein wenig Ackerland sowie eine zehnjährige Befreiung von der Steuer. Nach zwei Jahren war die Hafenumbauung fertiggestellt, und die Schiffer, Kaufleute und Handwerker sorgten mit fürstlicher Unterstützung für einen beeindruckenden Aufschwung.

Die Bedeutung des winzigen Ortes für den Nah- und Fernhandel, den die Schiffer mit ihren kleinen, flachbödigen Frachtseglern betrieben, nahm ab 1765 mit dem Bau der Friedrichsschleuse abermals zu. Die vorgelagerte Schleuse machte den Hafenort zum einzigen Sielhafen Ostfrieslands, der vor Sturmfluten geschützt war. So mauserte sich Carolinensiel zu einem

Der Seemannsplatz am windigen Siel.

der bedeutendsten Warenumschlagplätze der Region. Ein Jahrhundert später lebten im Ort 40 Kapitäne und im Hafen lagen 35 See- und 24 Wattschiffe. Dazu gab es zwei Werften, vier Brauereien und, wie es sich für einen Anker- und Seemannsplatz gebührt, jede Menge Kneipen. Hier begossen die Matrosen die überstandenen Fahrten und die Kaufleute feierten ihren Reibach. Anders als die benachbarten Bauern in den Marschlanden, die stets nur Arbeit, Sparsamkeit und ihren unbescholtenen Ruf im Sinn hatten. Ihnen galt Carolinensiel als liederliche, aufgeblasene Stätte. Sie sprachen vom „Cliner Wind" und meinten den windigen Siel. Bis 1880, dann dampften die Großschiffe den kleinen Frachtseglern davon, und es kehrte wieder Ruhe ein am Siel. Der Hafen verlandete, aus Lastkähnen wurden Fischkutter und die Partys wurden fortan von Urlaubsgästen bestritten. Aber den „Cliner Wind", den gibt es immer noch: als positive Lebenseinstellung, als Verein und als Bronzefigur, die am wieder freigelegten Museumshafen wacht.

5 Mit Spaten, Forke und Schiebekarre

Kleipütten und „Schmerzens-Teich“

Auf der Krummhörn erstreckt sich nahe Hauen ein großes Teichgebiet, wie es schöner kaum sein kann. Vogelfreunden geht das Herz auf, wenn sie die gefiederten Besucher auf den schilfumsäumten Wasserflächen beobachten können. Unberührte Natur in Reinform! Doch weit gefehlt, das Landschaftsidyll entstand von Menschenhand: die Hauener Saarteiche.

Der Saarteich verweist bereits in seinem Namen darauf, dass sein Entstehen mit viel Kummer einherging, da sich das ursprüngliche „Sardik“ als Schmerzens-Teich oder Wehe-Loch deuten lässt. Eine Bezeichnung, die in Ostfriesland einer ganzen Reihe von wassergefüllten Mulden in unmittelbarer Nähe zum Deich anhängt. Und dabei ist auch zu erfahren, dass die Worte Deich, Teich und Graben (engl. dig) aus gemeinsamer Wurzel stammen. Der See ist indirekt auf die Weihnachtsflut von 1717 zurückzuführen, die seinerzeit die Arbeit von Generationen zunichtemachte, als sie die Deiche durchbrach und die Krummhörn weithin verheerte. Eilig begann der Wiederaufbau der schützenden Dämme, die man vornehmlich aus schwerem, widerstandsfähigem Kleiboden aufschüttete. Dieses Material wurde zumeist aus dem Vordeichland geschaufelt, wo der gegrabene „Pütt“ nach etwa 15 Jahren wieder angefüllt war. Handelte es sich jedoch wie in Hauen um einen Schardeich („Wasserdeich“), dann war es unvermeidlich, das Material direkt hinter dem Deich zu gewinnen. Und war das Terrain erst mit bis zu zwei Meter tiefen Kuhlen durchsetzt, die sich langsam mit Regenwasser füllten, so war der Boden zum Leid und Wehe der Eigentümer für die Landwirtschaft verloren.

In den Sommermonaten, wenn keine Sturmfluten zu erwarten waren, fanden sich in den betroffenen Küstenabschnit-

Schilfumsäumtes Idyll, von Menschenhand geschaffen.

ten alljährlich tausende „Koyer“ ein, die in primitiven Hüttendörfern kampierten. Diese Saisonarbeiter taten sich in der Regel zu einem „Plog“ zusammen, einer etwa zehnköpfigen Püttmannschaft, die dann für einen bestimmten Deichabschnitt zuständig war. Gemeinsam hoben sie den schweren Baustoff aus und beförderten ihn mittels Schiebekarre über glitschige Holzbohlen auf schmalen Dämmen zur Baustelle, wo er zum Deichkörper aufgeschichtet wurde. So schufteten sie bei Wind und Wetter 12 bis 14 Stunden am Tag, wenigstens sechs Tage in der Woche und mindestens drei Monate lang. Um das Jahr 1750, so eine Berechnung, konnten 1.000 Männer auf diese Weise bei einer 80-Stunden-Woche ein drei Kilometer langes Stück Deich in rund zehn Wochen fertigstellen. Alles geschah per Hand, da der Einsatz von Fuhrwerken aufgrund der Bodenverhältnisse schwierig war. Also wurden die rund 400.000 Kubikmeter Kleiboden in etwa acht Millionen Karrenladungen herangeschoben.

So wurde allein auf der rund 20 Kilometer langen Strecke von Greetsiel bis zum Knock unmittelbar hinter dem Deich eine Fläche von rund 160 Hektar ausgepüttet. Einen Teil davon bilden heute die Saarteiche in der Hauener Hooge, deren schiebekarrenbreite „Speckdämme“ später durchstochen wurden. Bald darauf siedelte sich Schilfrohr an, durchsetzt von Flatterbinsen und Tannenwedeln, in denen sich viele bedrohte Wasser- und Watvögel wohlfühlen – keine unberührte Natur, sondern ein Zeugnis von großer Not und harter Arbeit, über das Röhricht und Schilfrohr gewachsen sind.

6 Wüsteneien, Heidefelder und Moräste

Ostfrieslands jüngste Stadt

Wappenkunde ist eine Wissenschaft für sich, die durchaus einer Geheimlehre ähnelt. Das Wappen der Stadt Wiesmoor hingegen ist eindeutig wie selten: unten ein Auerhahn, prächtiger Bewohner des einstigen Hochmoors, oben ein Blitz für das Kraftwerk, für das man das Moor abtorfte. Wo Moor und Hahn verschwanden, entstand Wiesmoor, Ostfriesland jüngste Stadt.

Dort, wo heute die „Blüte Ostfrieslands“ beworben wird und zahllose Besucher zum erholsamen Luftkuren begrüßt werden, befand sich bis ins späte 18. Jahrhundert nichts. Ein schwer zugängliches, scheinbar bodenloses, furchterregendes Nichts, in dem einzig der Auerhahn regierte und in das sich nur Halsabschnei-

der, Fabelgestalten und die Elendsten der Armen wagten. Lediglich an die Ränder des zentralen Hochmoorgebietes hatten sich seit den 1630er-Jahren einige wenige Siedler gewagt. Erst die Preußen erkannten das Potenzial der Moorflächen. Im Juli 1765 erklärte „Friderich, von Gottes Gnaden König in Preußen“, das Hochmoor zum Staatseigentum. Denn trotz seiner Befehle seien „so manche weitläufige Wüsteneien, Heidefelder und Moräste, welche gleichwohl in Ansehung ihres guten Bodens zur Besaamung, Bepflanzung mit Gehölze und Anlegung neuer Torfgräbereien sehr wohl geschickt sind, ohne Anbau erliegen geblieben“.

In seinem Urbarmachungsedikt unterband er jeglichen Siedlungswildwuchs, indem er den „Unfug“ des althergebrachten Upstreeksrechts (Aufstrecksrechts) für beendet erklärte, und ermunterte die Geestrandbauern, die Wildnis in „richtige und erweisliche Grenzen“ zu bringen. Denn schließlich konnte dem preußischen Fiskus nur bei ordentlicher Vermessung ein Nutzen entstehen. 1780 steckte ein Feldvermesser für Rencke Janßen aus dem Dorf Strackholt die ersten 1,5 Hektar Land ab, wobei erstmals der Namen Wiesmoor erschien. Dem ersten Kolonisten, der seinen Lebensunterhalt mit dem Anbau von Buchweizen bestritt, folgten bald weitere, und schon 1789 wurde die Moorkolonie Voßbarg zur selbstständigen Gemeinde, die heute zu Wiesmoor gehört.

Doch nicht jedem Kolonisten waren Bodengüte, Glück und Gesundheit hold, sodass sich im 19. Jahrhundert die Mehrzahl der Siedler in noch größerem Elend als zuvor wiederfand. Viele zogen wieder ab, manche weiter bis nach Amerika. Erst ab 1906, im Zuge der industriellen Abtorfung mit Lokomobilen und Eimerkettenbaggern sowie der Inbetriebnahme des Torfkraftwerks Wiesmoor (1909), in dem über 60 Jahre lang aus Torffeuern elektrische Energie gewonnen wurde, ergaben sich dauerhafte Arbeitsplätze und Wachstum. Nicht zuletzt auch durch die Pflanzenzucht, die dank der Abwärme des Kraftwerks in riesigen Gewächshäusern Wiesmoors Ruf als Blumenstadt ersprießen ließ. Das Torf- und Siedlungsmuseum macht den harten Weg der Urbarmachung erlebbar und zeigt, wie der Blitz gefunden wurde und der größte Hühnervogel Europas verloren ging.

Kraftwerk und Gewächshäuser als Postkartenmotiv.

7 Von Mauern, Flammen und Ästhetik
Das offene Geheimnis von Lütetsburg

Nur wenige Kilometer von der Küste entfernt verbirgt sich hinter Vorburg, hohen Mauern und mächtigen Baumkronen das Wasserschloss Lütetsburg. Das herrschaftliche Gemäuer ist eine der wenigen erhaltenen Häuptlingsburgen Ostfrieslands und hütet ein offenes, rund 30 Hektar großes Geheimnis: den schönsten Landschaftspark Norddeutschlands.

Das Errichten von festen, mit Mauern und Gräben geschützten Häusern war in Ostfriesland bis etwa 1300 untersagt. Trotzdem, so die Vermutung, errichtete das Häuptlingsgeschlecht der Manninga ihr erstes Steinhaus bereits 1212. Im späten 14. Jahrhundert, laut einer Sage nach der ersten Dionysiusflut (1374), verlegten sie ihr Anwesen auf jenen hohen Sandrücken, wo Lütet III. es zur wehrhaften Festung ausbaute. Während der Sächsischen Fehde zerstört und von Häuptling Unico Manninga wieder hergestellt, kam die Anlage durch die Heirat seiner Tochter in neue Hände. Seit 1588 ist Lütetsburg Stammsitz derer von Inn- und Knyphausen, die das Haus bald mit großflächigen Renaissancegärten umgaben.

Doch so standhaft sich die dicken Mauern und breiten Wassergräben bei feindlichem Ansturm erweisen mochten, gegen Glut und Flammen waren sie nicht gewappnet. 1598 verschonte eine Feuersbrunst lediglich die dreiflügelige Vorburg und rund dreihundert Jahre später entzündete am Weihnachtstag 1893 ein umgestürzter Christbaum das Schloss, auf dessen Grundmauern schließlich ein Herrenhaus im friesischen Barockstil entstand. Den Zweiten Weltkrieg überstand es mit schweren Blessuren, um 1956 aus unbekannter Ursache erneut abzubrennen. Lediglich vier Räume sowie die unbezahlbare Ausstattung des Rittersaals überstanden die neuerliche Brandkatastrophe. Daraufhin erhielt das Gebäude sein heutiges, gradliniges Aussehen und wurde bereits 1962 wieder bezogen – sehr beeindruckend und beachtlich.

Berühmt hingegen wurde Lütetsburg durch seinen herrlichen Park. Zunächst als Renaissancegarten, dann als barocker Parterregarten angelegt, vollendete Edzard Mauritz Freiherr von Knyphausen das Gesamtkunstwerk von 1790 bis 1813. Ihm stand der herzoglich oldenburgische Hofgärtner Carl Ferdinand Bosse zur Seite, der sich schon mit den Gärten von Oldenburg und Rastede einen Namen gemacht hatte. Die „Bossehütte", im Volksmund als „Stahlhelm" bezeichnet, erinnert an den begnadeten Gärtner. Verschlungene Wasserläufe, natürlich wirkende Seen in harmonischer Pflanzenvielfalt haben ihre englisch-romantische Ausdruckskraft bis heute bewahrt. Locker auf das Gelände verstreut machen verschiedene Bauwerke und Staffagen jeden Gartenspaziergang zu einer Entdeckungsreise – besonders im Frühling, wenn verschiedenste Rhododendren und Azaleen einen spektakulären Blütenzauber inszenieren. Ein gelungenes Spiegelbild von Natur, Tugend und Ästhetik. Dazwischen

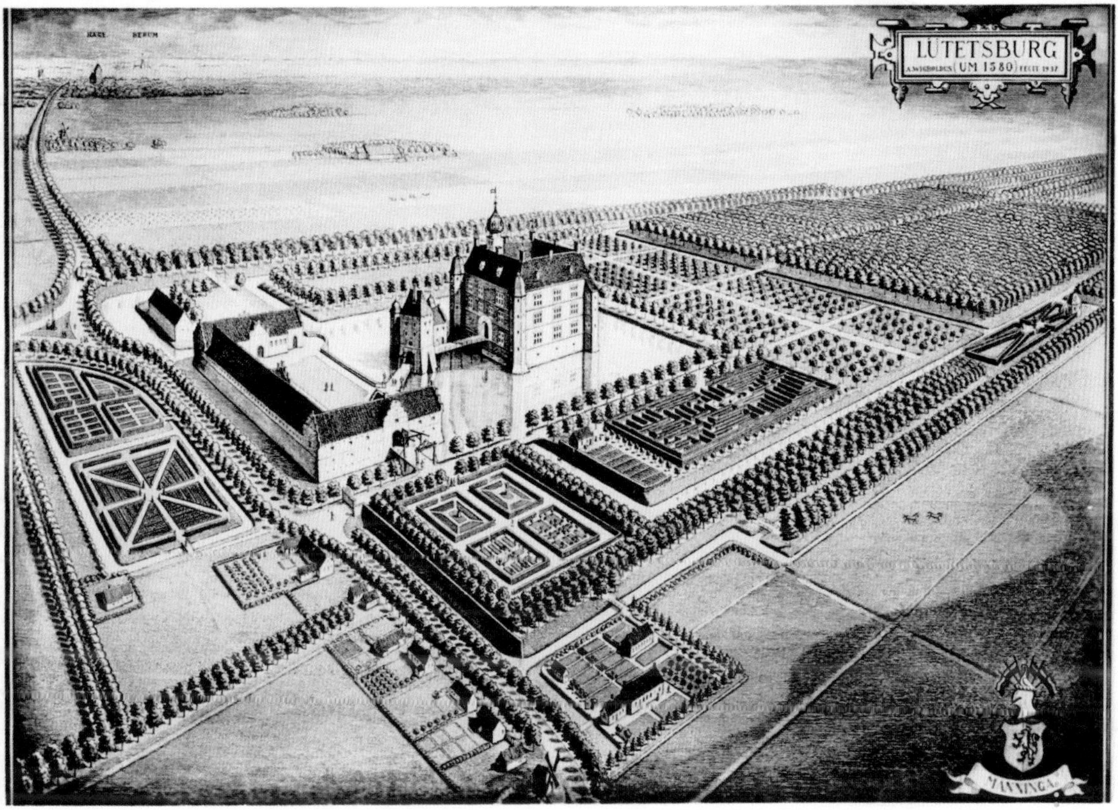

Wasserschloss und Gartenanlage um 1580.

laden über einhundertjährige Ruhebänke, 250-jährige Baumriesen und ein weniger bejahrtes Café zum stimmungsvollen Verweilen ein. Schließlich bietet der „Unico-Hügel" den Höhepunkt im Kontrast zu der flachen Landschaft der Umgebung – er ist eine der höchsten Erhebungen des ostfriesischen Festlandes.

8 Mein Fräulein! Sein sie munter …
Ein Dichterkönig auf Norderney

Diese Dichter, immer kommen sie wortgewaltig, inspirierend und manchmal sogar aufrüttelnd daher, doch zumeist lässt ihre Konstitution arg zu wünschen übrig. Welches Glück also, dass es Einrichtungen gab, in denen Geist und Körper Linderung erfahren konnten. Und so kam kein Geringerer als der König der deutschen Dichtkunst zur Kur nach Norderney: Heinrich Heine.

Kaum einem Schriftsteller oder Dichter gelang dieser bildhafte, pointierte Ausdruck, kaum einem gelang der literarische Spagat zwischen süßer Schmeichelei und beißender Bosheit so genial wie Henry Heine (1797–1856), der sich inzwischen Heinrich nannte. Der 26-Jährige war bereits berühmt, als ihn eine „garstige Krankheit“ ereilte, die sein „Nervensystem bedenklich zerrüttete“. Der Arzt schickte ihn auf Gesundheitsreise. So gelangte er auch nach Ostfriesland und

nahm schließlich 1825 das Segelboot, das ihn nach Norderney brachte. Hier, wo die erste Königlich Preußische Seebadeanstalt die Leiden der Gäste schon seit 1797 mit der Thalasso-Methode linderte, fand er Erholung und Inspiration. In drei aufeinanderfolgenden Sommern nahm er hier Quartier und arbeitete an einem Zyklus von Nordseegedichten, die später in seinen berühmten „Reisebildern" erschienen. Nicht zuletzt dieses Werk, das sich nur anfangs auf die Insel bezieht, um dann rasch zu einer umfassenden Gesellschaftskritik zu kommen, führte damit schließlich zu Zensur und Verbot und auch zu Heines Ruhm als Dichter.

Auf Norderney erfreute er sich neben verschiedenen Anwendungen am mondänen Flair und tummelte sich mit der High Society auf der Promenade, in Kurpark und Spielbank, um morgens seinen Kopf sorglos in die schäumenden Wogen der Nordsee zu stecken. Heine war begeistert, erlernte sogar das Schwimmen und erfreute sich am „Wellengeräusch, schöne(n) Frauen, gute(m) Essen und göttliche(r) Ruhe". Er beobachtete und beschrieb die Modedamen, reichen Müßiggänger, Spieler und Abenteurer, mal bissig, mal humoristisch. Auch die Einheimischen – sie „sind meistens blutarm und leben vom Fischfang" – wurden nicht verschont. Manche seiner Äußerungen waren geradezu beleidigend: „Die Tugend der Insulanerinnen wird durch ihre Hässlichkeit und gar besonders durch ihren Fischgeruch, der mir wenigstens unerträglich war, vorderhand geschützt." Sollte ihm, dem Hofdichter der Nordsee, dem jede Welle Wollust einflößte, gar von einem Inselmädchen ein Korb verpasst worden sein?

Zumindest verließ er im September 1827, aus Sorgen vor möglichen Anfeindungen, fluchtartig die Insel. Der größte Fan von Heines Nordsee-Zyklus war Königin Marie von Hannover, deren Gatte König Georg V. die Insel zur königlichen Sommerresidenz erkoren hatte. Kurzum ließ Ihre Majestät im Jahr 1851 auf der Marienhöhe zu Ehren des Nordsee-Poeten einen romantischen Pavillon errichten. Heute ist dort ein Restaurant mit dem „schönsten Sonnenuntergang der Welt", über den Heine ein wenig ironisch dichtete:

Das Fräulein stand am Meere / Und seufzte lang und bang, / Es rührte sie so sehre / Der Sonnenuntergang. / Mein Fräulein! Sein sie munter, / Das ist ein altes Stück; / Hier vorne geht sie unter / Und kehrt von hinten zurück.

Der „Heine-Pavillon" in den 1930er-Jahren.

9 Ein Schrumpftempel
Das Seezeichen von Marienhafe

Die Gotteshäuser der Region entstanden etwa so: Karl der Große kam und überzeugte die Leute mit dem Schwert vom Christentum, zerstörte die alten Kultstätten und baute dafür jeweils eine Kapelle. Die Menschen kamen, es wurden mehr und mehr, die Kirchen wurden größer, dann noch größer … Nur bei einer Kirche verlief es genau andersherum: bei der Marienkirche in Marienhafe.

Marienhafe: Das Meer ist weg, der namensgebende Hafen liegt trocken und die wohl berühmteste Bronzeskulptur Ostfrieslands, die den grimmigen Piraten Störtebecker zeigt, ist ein Fantasieprodukt. Hinter dem bärtigen Seeräuber erhebt sich der wuchtige Turm der Marienkirche, an der ebenfalls nichts mehr so ist, wie es war. Und so erscheint das Gotteshaus aus rotem Backstein vielen Betrachtern als übertrieben groß geraten für eine der kleinsten Gemeinden im Land. Ein Fehlschluss, denn einst war sie noch höher, noch länger, noch breiter und galt sogar als größter Kirchenbau zwischen Groningen und Bremen. Seither muss sie also geschrumpft sein.

Auch hier veranlasste Frankenkönig Karl die Zerstörung eines alten Heiligtums und den Bau einer kleinen Holzkirche. Im frühen 11. Jahrhundert erfolgte dann ein Neubau aus Tuffstein, der wiederum bis 1270 durch eine große Kirche im frühgotischen Stil ersetzt wurde. Das Ergebnis muss wahrlich beeindruckend gewesen sein. Ubbo Emmius beschrieb sie um 1600 mit den Worten: „ein großartiger Tempel, der alle zwischen Ems und Elbe gelegenen Kirchen an Pracht und Erhabenheit übertrifft". Die dreischiffige (!) Basilika war über 70 Meter lang (heute 47 m) und entsprach in ihren enormen Dimensionen in etwa dem Osnabrücker Dom. Zudem war sie mit über 200 figürlichen und ornamentalen Friesen verziert, und im Innern wurde bereits 1437 eine der ersten nachweisbaren Orgeln Ostfrieslands eingebaut.

Da das heutige Norder Tief ursprünglich bis kurz vor das Kirchenportal reichte, war das Gebäude auch ein wichtiges Seezeichen, weshalb man den Turm 1460 auf sechs Stockwerke erhöhte. Nun ragte er sagenhafte 67 Meter in die Höhe (heute 37 m). Weithin sichtbar auf der Nordseite mit Kupfer („Kuiper") und auf der Südseite mit Schiefer („Ley") bedeckt, sorgte die Kirche lange Zeit dafür, dass Eingeweihte den tideabhängigen Hafen fanden. Ein außergewöhnliches Gebäude, von dem die Kunde ging, schlitzohrige Seeräuber hätten darin Unterschlupf gefunden. Rätselhaft ist bis heute, wer die Auftrag- und Geldgeber für das enorme Bauwerk waren. Vielleicht die wohlhabenden Bauern der Gegend, ein ferner Fürstbischof oder gar ein Orden? War es ein Prestigeobjekt oder der Wunsch nach einem Marienwallfahrtsort? Oder sollten die übertriebenen Dimensionen nur dem Zufall geschuldet sein, weil eine Sturmflut große Mengen von Baumaterial zur Verfügung stellte?

Beeindruckt noch immer: die Marienkirche zu Marienhafe.

Sicher ist hingegen, dass sich die Küstenlinie von Marienhafe allmählich zurückzog. So verlor der Ort seine Bedeutung als Wirtschaftszentrum und konnte sich den Unterhalt einer so großen Kirche schlicht nicht mehr leisten. Der Verfall begann schleichend. 1819 stürzte dann ein Teil des Chores ein, im Jahr darauf zerstörte ein Blitz das oberste Geschoss des Turms. Zehn Jahre später, als erste Mauerteile von Apsis und Gewölbe in die Tiefe stürzten, wurde der weitere Rückbau entschieden. Der Chor, das Querschiff mit Vierung, die schmaleren Seitenschiffe sowie die zusätzlichen Treppentürmchen am Turm wurden entfernt und die Seitenwände des Hauptschiffs vermindert. Als die Kirche 1834 auf ihre heutige Größe verkleinert war, wurde, um ein wenig architektonische Harmonie zu bewahren, der Turm nochmals um zwei Stockwerke eingeschrumpft. In der Störtebeckerkammer kann man der spannenden Baugeschichte dieses ostfriesischen Schrumpftempels im Detail nachgehen. Die Aussichtsplattform ganz oben bietet eine grandiose Aussicht auf das Norderland, und man kann erahnen, wie es damals war, als das Meer bis an die Kirche schwappte und der grimmige Klaus aus dem Fenster schaute.

10 Die handgemachte Landschaft
Ostfrieslands lebende Zäune

Das größte Bauwerk Ostfrieslands ist teilweise schon 1.000 Jahre alt, oben etwa eineinhalb, unten rund drei Meter breit, würde mit einer Gesamtlänge von über 10.000 Kilometern locker von Emden bis nach Kapstadt reichen, schützt vor Wind, Wild und Vieh und steht bereits seit 1935 unter besonderem Schutz: die ostfriesischen Wallhecken.

Hatten die Menschen der Wildnis erst einmal eine kleine Fläche zur Bewirtschaftung abgerungen, ging es fortan darum, dieses Stückchen Land zu hegen und zu pflegen sowie vor Verbiss und Vertritt durch wilde Waldtiere oder das frei laufende Vieh zu schützen. Dafür war in vielen Regionen Nordeuropas ein Wall aus Steinen, Torf oder aufgeschichteter Erde ein probates Mittel. Da auf den sandigen Geestflächen Ostfrieslands zu wenig Grundwasser für Gräben und noch weniger Holz für Zäune zur Verfügung stand, friedeten die ersten sesshaften Geestbauern ihre wertvollen Gemeinschaftsäcker mit Erdwällen ein. Die Krone dieser steilen, etwa einen Meter hohen Wallkörper wurde mit einer dichten Hecke aus zumeist dornigen Sträuchern bepflanzt und etwa alle zwanzig Meter durch Einzelbäume, sogenannte „Überhälter", verstärkt.

Alle 8 bis 15 Jahre musste diese Hecke „auf den Stock" gesetzt werden, also ein Rückschnitt zur Regeneration und Verjüngung durchgeführt werden. Zudem wurden diese „lebenden Zäune" durch das Umbiegen, Knicken und Verflechten der jungen Baum- und Buschtriebe im Lauf der Zeit immer dichter und fester. Neben der Abwehr von hungrigen Vierbeinern boten die Wallhecken auch Schutz vor räuberischem Gesindel, neidischen Nachbarn und Erde abstaubenden Winden. Während sich die meisten älteren, teilweise 1.000 Jahre alten Konstruktionen zumeist kurvig durch die Landschaft schlängeln, ist die neue Wallhecken-Generation, die vor allem während der Agrarreform des 19. Jahrhunderts angelegt wurde, zumeist gradlinig und rechtwinklig ausgerichtet. Besonders was die Kosten und den Pflegeaufwand betrifft, waren diese bepflanzten Grenzlinien unschlagbar, weshalb sie nach Acker, Garten und Haus bald auch Wege, Wälder und Wiesen umgaben.

Ostfriesland wurde mit einem einzigartig dichten Netz aus Wallhecken überzogen, das über Jahrhunderte eine gefällige, ja anmutige Kulturlandschaft hervorbrachte. Man darf durchaus behaupten, dass die Gesamtheit der bewachsenen Wälle ein unverzichtbares Element der ostfriesischen Geestlandschaft ist, selbst wenn ihre Aufgaben vielerorts bereits von Metalldrähten und importierten Hölzern übernommen wurden. Und neben ihrem geschichtlichen Wert als Relikt einer vergangenen bäuerlichen Kultur wird den Wallhecken heute eine übergeordnete ökologische Bedeutung für Flora und Fauna zugeschrieben. Das erkannte man bereits 1935, als man das Roden, Abtragen und Beschädigen

Uralte Wallhecken begrenzen einen Feldweg.

dieses kulturhistorischen Landschaftselements durch Verordnung untersagte. Eine Verordnung, die bis heute ihre Gültigkeit hat und selbst für Flurbereinigungs- oder Straßenbaumaßnahmen keine Ausnahmen zulässt. Der Erhalt dieser langen (Kreis Aurich 2.010 km, Kreis Wittmund 1.940 km, Kreis Leer 1.700 km) und handgemachten Landschaftsstruktur wird inzwischen sogar von offizieller Hand unterstützt. Wer Hilfe benötigt, um seine Wallhecke „auf den Stock“ zu setzen, der darf das Wallhecken-Programm der Ostfriesischen Landschaft nutzen.

11 „Nordwestseits von Norden"
Mit Volldampf zum Fremdenverkehr

Genau dort, wo jenseits von Norden Straße, Steg und Weg enden, beginnt für Millionen Touristen Jahr für Jahr die schönste Zeit des Jahres. Es war vor rund 200 Jahren, als an diesem einsamen Fleckchen am Ende der Welt eine kleine Idee auftauchte, aus der letztlich das größte Seebad und der größte Personenhafen in Ostfriesland entstanden: Norddeich.

Was die dort auf der nahen Insel können, das können wir doch auch, dachte sich vermutlich der Inhaber des Seebergskrugs, als er zu Beginn des 19. Jahrhunderts die kleine Seebadeanstalt am nördlichen Deich einem geehrten Publikum anpries. Mit Blick auf das 1797 gegründete erste deutsche Nordseebad Norderney, wo der Tourismus zunehmend boomte, warb er 1813 mit kalten und warmen Bädern diesseits und einer Badekutsche jenseits des Deiches für sein Etablissement. Noch war es einsam am sogenannten Norddeich der Stadt Norden, wo neben dem Wirtshaus nur zwei Höfe und ein kleiner Fischerhafen die Weite unterbrachen. Zehn Jahre später, Ostfriesland war von Preußen an Frankreich, dann an Holland und schließlich an das Königreich Hannover durchgereicht worden, entstand ein erster 20 bis 30 Meter langer befestigter Anleger, an dem kleine Segelboote festmachen konnten.

In der „Erdbeschreibung des Fürstenthums Ostfriesland" aus jenen Tagen beschreibt Fridrich Arens den Ort als „Fischershausen …, ¾ Stunden nordwestseits von Norden". Von hier aus, so tat er kund, würden während der Badezeit die Schiffe nach Norderney abfahren, und er betonte: „Es steht ein gutes Wirthshaus daselbst." Da Sturmfluten und Eisgang dem kleinen Anleger immer wieder arg zusetzten, wurde der regelmäßige Fährdienst nach Norderney und Juist zumeist mit Dampfschiffen von Bremen und Hamburg aus durchgeführt, wobei die Überfahrten über Helgoland durchaus Tage dauern konnten. Ab 1843 gab es auch von Emden und Leer aus einen Dampffährbetrieb, wohingegen Norddeich weiterhin nur von kleinen Segelbooten ohne jegliche Behaglichkeit für Urlaubsgäste angelaufen wurde.

Im Juni 1871 sollte sich mit der Gründung der „Dampfschiffsrhederei Norden" ein Wandel abzeichnen. Dreiundzwanzig Herren aus Norderney und Norden hatten sich zusammengefunden, um mit deutscher Gründlich- und Pünktlichkeit den Fährverkehr endlich „in geordnete Bahnen zu lenken". Fortan lief der Schraubendampfer „Stadt Norden" unabhängig vom Stand der Tide nach Fahrplan aus und verhalf damit dem Fremdenverkehr und dem Örtchen Norddeich zur Konjunktur. Die rasch steigenden Gästezahlen und zunehmend größer gebauten Dampfschiffe verlangten jedoch schon bald nach einem Ausbau der Hafenanlage, der schließlich bis 1892 erfolgte, inklusive Anbindung an das Eisenbahnnetz.

Aufgrund der nun günstigen Verkehrsanbindung fanden immer mehr Gäste aus fernen Binnenländern den Weg auf die

Blick von der Blue Bridge über den Strand von Norddeich.

Inseln und an die Küste, wo sich Norden-Norddeich selbst zu einer beliebten Destination für Erholungsuchende entfaltete. Heute ist Norddeich das größte staatlich anerkannte Nordseebad an der ostfriesischen Küste. Und der kleine Fischerhafen von einst hat sich zum drittgrößten Personenhafen des Landes gemausert, von dessen Mole jedes Jahr mehr als 10.000 Fährfahrten mit Personen, Fahrzeugen und Waren starten. Und weil's am einstigen Ende der Welt heute so schön ist, konnte die nordwestlichste deutsche Küstenstadt 2022 erstmals mehr als zwei Millionen Übernachtungen verbuchen. Das dürfte sich der Wirt vom Seebergskrug am Norddeich in seinen kühnsten Träumen nicht vorgestellt haben, aber bestimmt hätte er 'ne Runde „Lütt un Lütt" ausgetan …

12 Ein Mausoleum der Macht
Die Gruft derer von Cirksena

Die Frage, warum hochgeborene Sippen ein Faible für Grüfte haben, in denen die Särge der verblichenen Familienmitglieder verwahrt werden, bleibt spannend. Ist es eher eine Glaubensfrage oder pure Aufschneiderei? Eher eine Reaktion auf Krisen oder das Bedürfnis nach Kontinuität? Eindrucksvoll wird diese Tradition in Aurich demonstriert: im Cirksena-Mausoleum.

Jede Tradition hat ihren Anfang. So auch die Gepflogenheit der in Ostfriesland bedeutsamen Familie Cirksena, ihre Verstorbenen in Aurich zu bestatten. Man schrieb den 10. September 1588, als Grafentochter Margaretha neben ihren Vorfahren in der Großen Kirche zu Emden bestattet werden sollte. Allerdings hatte man die Leidenschaft der Bürger in Glaubensdingen unterschätzt, denn als der lutherische Hofprediger die Kanzel der reformierten Kirche besteigen wollte, machte sich lauthals Empörung breit, Tumulte hoben an. Um einen Volksaufstand zu vermeiden, wurde Margaretha schnell, still und heimlich beigesetzt, und die gräfliche Trauergesellschaft eilte flugs nach Aurich zurück. Fortan, so bestimmte Edzard II., sollten die Cirksena in Aurich ihre letzte Ruhestätte finden.

Er selber sollte die gräfliche Gruft in der Lambertikirche elf Jahre später als Erster belegen. Doch mit der Zeit wurde es eng im herrschaftlichen Begräbniskeller. Wie ein altes Verzeichnis aufzeigt, fanden hier bis um 1750 genau 31 Erwachsenen- und 15 Kindersärge der Familie Platz. Da zudem alle Namen und Lebensdaten notiert sind, wissen wir, dass die Gruft die sterblichen Überreste von acht regierenden Grafen und Fürsten sowie zwei Regentinnen enthielt. Die Kirche darüber war jedoch bereits alt und höchst desolat. Überall drang das Wasser ein, Mauern lösten sich buchstäblich auf und drohten umzustürzen, während die Gruft mit den zumeist hölzernen Särgen mehrmals im Jahr „zwei Fuß hoch“ (ca. 60 cm) geflutet wurde. Die fast 600 Jahre alte Kirche wurde schließlich abgerissen und bis 1835 neu aufgebaut. Die Särge erhielten einen vorläufigen Platz in einer Krypta.

Vorläufig, da schon seit einiger Zeit über ein oberirdisches Mausoleum für das alte Herrschergeschlecht debattiert wurde. Doch Kriege, Zwist und die Finanzen zögerten den Baubeginn immer wieder hinaus. 1876 endlich, nach dreijähriger Bauzeit, war der zweigeschossige und zehneckige Zentralbau mit hoher Kuppel auf dem Auricher Friedhof bereit, dem mächtigsten Herrschergeschlecht Ostfrieslands Obhut und Gedenken zu geben. Aber in den Kellern der Kirche hatte die Feuchtigkeit ihr ruinöses Werk fortgeführt. Lediglich elf Särge hatten dem Zahn der Zeit getrotzt und waren noch transportierbar, der Rest war samt Inhalt verfallen, vermodert und verfault. Um die noch verbliebenen Gebeine aufzunehmen, mussten also zunächst neue Särge und zwei Sammelsärge angefertigt

Das Cirksena-Mausoleum in Aurich.

werden. Schließlich wurden in zwei Septembernächten in feierlicher Prozession insgesamt 20 Särge in das Mausoleum überführt.

Bis heute stehen sie in den doppelstöckigen Backsteinnischen ringsum. Das Zentrum der Rotunde ist zwei äußerst prunkvoll gearbeiteten Zinnsärgen vorbehalten, in denen seit über dreihundert Jahren Regentin Christine Charlotte und ihre Schwiegertochter Eberhardine Sophie in edelstem Ambiente ruhen. Letztere wurde im Jahr 1700 in einem kostbaren Gewand bestattet, das die Jahrhunderte überstand und heute im Museum bewundert werden kann. Später gesellte sich die sogenannte „Emder Truhe" hinzu. In der fein polierten Holztruhe wurden 1944, nach der völligen Zerstörung der Großen Kirche zu Emden, die wenigen Überreste der ältesten Familienmitglieder aufbewahrt. So ist also der familiäre Reigen derer von Cirksena wieder vollständig vereint und kündet von der Macht und Pracht eines vergangenen Geschlechts ostfriesischer Häuptlinge, Grafen und Fürsten.

13 Das dynamische Dornröschen
Denkmalschutz für Küstenschutz

Einst war sie doppelt so lang, dazu rank und schlank. Heute ist sie von eher knubbeliger Gestalt und die „bewegteste" von allen ostfriesischen Inseln. Dass es sie überhaupt noch gibt, ist einzig der Beharrlichkeit der Insulaner zu verdanken, die sich Jahr um Jahr darum bemühen, ihre Insel zu bändigen. Baltrums Küstenschutz ist inzwischen sogar denkmalschutzwürdig.

Wie auf allen Inseln Ostfrieslands ist das Leben auf Baltrum ein ständiger Kampf gegen die Fluten der Nordsee und ein zähes Ringen um jeden Meter Sandstrand. Das zwischen Norderney und Langeoog gelegene Eiland taucht erstmals in Urkunden des Jahres 1398 auf und ist seither Heimat einiger mutiger Familien. Im 17. Jahrhundert sind gerade 14 Haushalte bezeugt, die ihr bescheidenes Dasein mit Fischfang bestritten. Ein Jahrhundert später kam die ertragreiche Austernzucht hinzu und die Kalkbrenner auf dem Festland zahlten gute Preise für Schill, jene Schalen der Herzmuscheln, die zu einem beliebten Baumaterial verarbeitet wurden. Ganz allmählich verbesserten sich die Verhältnisse, aus den Fischerhütten wurden Häuser und die Kapitäne staffierten ihre Inseldomizile mit wertvollen Mitbringseln aus aller Welt aus.

Aber die Sorge um die Heimat blieb, zeigten doch die anstürmenden Brecher und zehrenden Tideströmungen alljährlich, wie fragil ihre Insel im Grunde ist. Immer wieder mussten die Insulaner ihre Wohnstätten aufgeben und neu errichten, weil Baltrum in Richtung Osten wandert. Tatsächlich verschob sich der westlichste Punkt, an dem die Strömung im Seegatt Wichter Ee reißt, in den vergangenen 350 Jahren um etwa 4,5 Kilometer nach Osten. Im östlichen Bereich kamen hingegen insgesamt nur 1,5 Kilometer hinzu.

Historische Küstenbefestigung auf der Insel Baltrum mit Blick auf das westliche Dorf.

Die Insel wandert also nicht nur, sie schrumpft bedrohlich. Zudem zerriss die große Februarflut von 1825 die Insel in mehrere Teile und zerstörte nahezu alle Gebäude. Doch die Baltrumer gaben ihr geodynamisches Eiland nicht auf, sondern bauten das Westdorf neu auf, setzten die Kirche nochmals um und machten sich daran, Schutzanlagen aus Buhnen, Dünen und Holzpalisaden zu bauen.

Zu einem Wendepunkt geriet das Jahr 1876, als Baltrum den Titel „Seebad" erhielt. Mit der touristischen Erschließung der Insel setzte auch ein intensiverer Küstenschutz ein. So wurde zwischen 1883 und 1889 der empfindliche westliche Kopf der Insel mit einem robusten Pfahlschutzwerk umspannt. Die Konstruktion, die in ähnlicher Weise auch auf den anderen Inseln zum Einsatz kam, bestand aus langen Reihen abgestützter Pfähle und Kanthölzer, die als Wellenbrecher den Sturmfluten trotzten. Da sich diese Schutzbauten aber auf Dauer nicht bewährten, wurden sie in den 1920er-Jahren auf allen Inseln durch massive Betonwerke ersetzt. Nur auf Baltrum blieb ein etwa 300 Meter langes Teilstück einer solchen Anlage erhalten. Es steht bis heute im weniger gefährdeten Strandabschnitt zwischen Westkopf und Hafen. Und weil es das letzte erhaltene Pfahlwerk des historischen Küstenschutzes auf den ostfriesischen Inseln ist, erklärte man es zum schützenswerten Kulturgut. Auf dem einzigartigen Gezeitenlehrpfad kann man zudem erfahren und erleben, wie die Gezeiten entstehen, Dünen wachsen oder wie Wasser, Wellen und Stürme auf eine Insel wie Baltrum wirken. Am Ende weiß man sicher, dass das verschlafene „Dornröschen der Nordsee" sehr viel beweglicher und dynamischer ist, als man glaubt.

14 Alles vom Feinsten
Das Weiße Schloss von Juist

Zugegeben, die Urlaubskasse sollte gut gefüllt sein, dann aber steht einer Tiefenentspannung wie vor über einhundert Jahren nichts mehr im Wege. Wer einmal einen Hauch davon erleben möchte, wie der Jetset um 1900 die Sommerfrische erlebte, der sollte im „Strandhotel Kurhaus Juist" logieren. Seit 1898 setzt das „Weiße Schloss am Meer" touristische Maßstäbe.

Vermutlich leitet sich der Name Juist vom Begriff „güst" ab, was man als „karg" oder „unfruchtbar" deuten kann. Und vermutlich war nicht nur die Insel, sondern auch das Leben der Insulaner, die hier schon vor 1400 siedelten, von Entbehrungen gezeichnet. Die meisten Bewohner heuerten daher auf Handels- und Walfangschiffen an, um ihren Lebensunterhalt zu bestreiten. Zu Beginn des 19. Jahrhunderts machte sich dann die Hoffnung breit, die karge Sanddüne in einen florierenden Badeort zu verwandeln. Womit die Nachbarinsel Norderney schon seit 1797 erfolgreich war, das sollte doch auch hier gelingen. Tat es aber nicht, denn das erste Juister Seebad von 1840 scheiterte nach nicht einmal 20 Jahren aufgrund der beschwerlichen Verkehrsanbindung.

Aber da sich sturmerprobte Insel-Ostfriesen nicht so schnell ins Bockshorn jagen lassen, startete man 1866 einen zweiten Versuch. Es entstand ein behagliches Seebad, das den Nerv der erholungsuchenden Binnenländer traf. Besonders das 1898 fertiggestellte Hotel, das heutige „Historische Kurhaus", wurde zu einem Monument jener Epoche, in der das wohlhabend gewordene Bürgertum danach strebte, sich mit Luxus und Exklusivität in Szene zu setzen, wie es zuvor dem Adel vorbehalten war. Die aufwendige Architektur des Hotels bot jegliche Möglichkeit von Amüsement und Abgeschiedenheit, Therapie und repräsentativer Unterkunft. Über eine beeindruckende Freitreppe gelangten die Hotelgäste in eine imposante Vorhalle mit der „Reception". Wer nicht den ansehnlichen Logierzimmern in den oberen Geschossen zustrebte oder sich in die sehr geräumigen Familiensuiten zurückziehen wollte, der konnte hinter der prächtigen Wandelhalle eine Reihe kleiner, aber feiner Läden besuchen. Oder wie wäre es mit einem Abstecher zu den Gesellschaftsräumen mit Kaffee-, Spiel- und Musikzimmer? Später dann ein köstliches Menü im staunenswerten „Weißen Saal" genießen und den Sternenhimmel durch das gläserne Dach bewundern? Selbstredend verfügten sämtliche Räumlichkeiten über elektrische Beleuchtung und konnten per Dampfheizung angenehm temperiert werden.

Alles vom Feinsten, das gilt noch immer, auch nach diversen Verkäufen, Leerständen, Versteigerungen und Umbauten, bei denen das Haus zeitweise zum Schandfleck der Insel verkam. Inzwischen kann man sich jedoch wieder in jene Zeiten versetzen, als sich honorige Gäste aus New York, Singapur und Kairo

Ein Strandschloss für Hochadel und Jetset.

ins Gästebuch eintrugen. Man kann es sich immer noch gut vorstellen, wie die hohen Herrschaften mit Kind und Kegel, Kinderfräulein und Gouvernante eintrudelten und Schwärme von livrierten Pagen das Gepäck versorgten. Ungewohnt locker lustwandelten Adlige und Offiziere, Fabrikanten und Kaufleute durch die Hallen. Natürlich war auch die wirkliche Prominenz anwesend, auf deren Besuch man auf der Insel bis heute stolz ist. Wie König Friedrich August III. von Sachsen, der mit seinem ganzen Hofstaat anrückte und eigens eine Telefonleitung nach Dresden legen ließ. Auch der König von Bulgarien, der „Biene Maja“-Autor Bonsels und der Elektro-Orgel-Erfinder Wurlitzer waren da. Und zwischen ihnen tummelten sich Hofopernsänger und Hypnotiseure, Porträtmaler und königliche Schauspielerinnen … Wer sich einmal ein Menü im „Weißen Saal“ gegönnt oder den grandiosen Blick durch die Glaskuppel genossen hat, spürt ganz genau, was die illustre Gesellschaft einst und jetzt hierhergeführt hat.

15 Betreten verboten
Vogelschutz auf Memmert

Als Otto Leege im Jahr 1906 von Juist aus eine kleine Vogelinsel besuchte, bot sich ihm ein Bild des Grauens. Nahezu alle Gelege waren geplündert und die Dünen übersät von Patronenhülsen und Vogelkadavern, zwischen denen Jungvögel elendig verhungerten. Es wurde höchste Zeit, sich für den Vogelschutz zu engagieren: für das Naturschutzgebiet Memmert.

Der junge Lehrer war bereits 1882 nach Juist gekommen, wo er, weil er nur acht Schüler zu unterrichten hatte, auch den Telegrafendienst versah, die Kirchenorgel spielte und sich seinen naturkundlichen Studien widmete. Neben ersten Publikationen begann er, jene kleine Insel zu untersuchen, die seit dem 17. Jahrhundert aus einer Sandbank zwischen Juist und Borkum emporwuchs. Auf „Memmertsand", wie das rund fünf Quadratkilometer große Eiland bezeichnet wurde,

hatte sich bereits ein wenig Vegetation angesiedelt, die auch bei hohen Springtiden bestehen blieb. Damit, und mit den hervorragenden Nahrungsgründen im umgebenden Watt, bot sich Memmert als idealer Rast-, Ruhe- und Brutplatz für die unterschiedlichsten Vogelarten an.

Lehrer Otto Leege (1862–1951), der zu einem landesweit bekannten Ornithologen avanciert war und später sogar zum Dr. phil. h. c. promoviert wurde, setzte sich fortan intensiv für die gefiederten Nachbarn ein. Damit zog er sich jedoch auch den Unmut vieler Insulaner zu, die mit dem Plündern der Gelege ihre Vorratsschränke füllten und zur Belustigung der Touristen blutige Schützenfeste abhielten. Doch bereits 1906 zeigte sein Einsatz einen ersten Erfolg, als die Königliche Wasserbauinspektion Norden das Betreten der Insel vom 1. Mai bis 15. August jeden Jahres „strengstens" untersagte. Ein Jahr später wurde Memmert zur Vogelkolonie erklärt, und Leege begann damit, die flüchtigen Dünen zu bepflanzen. Zudem wohnte der „Vater des Memmert" während der Schulferien mit seiner Familie auf der Insel, um die Gelege zu beschützen.

In einer Zeit, in der „Natur" gleichbedeutend mit „Nutzen" war, gelang es ihm, ein Bewusstsein für die Einzigartigkeit des Wattemeeres zu entwickeln und für dessen Bewahrung einzutreten. Seit 1921 wird die Insel von einem Vogelwart und Inselvogt bewacht, der sich auch heute noch von März bis Oktober in die Einsamkeit des Wattenmeeres begibt. Und trotz aller Proteste von Tourismusunternehmen und Sportbootbesitzern wurde Memmert 1986 zur Schutzzone I im Nationalpark Niedersächsisches Wattenmeer erklärt: Ohne schriftliche Genehmigung ist das Betreten verboten! Lehrer Leege sei Dank.

Eine Insel für den Vogelschutz.

16 Bei Himmelsziege und Moorhexe

Das Ewige Meer

Schnurgerade Kanäle, Fließgewässer, die hier Ehe, Tief, Flumm und Riede heißen, dazu zahllose Kolke, Teiche und Tümpel sowie für Freizeit gestaltete Binnenmeere – eindeutig, auch ohne Nordsee ist Ostfriesland nah am Wasser gebaut. Das außergewöhnlichste Gewässer ist jedoch jener große Hochmoorsee, der fortbesteht, weil er tot ist: das Ewige Meer.

Wenn mehr Niederschlag fällt, als durch Verdunstung und Abflüsse verlorengeht, dann beginnen die graugrünen Polster der Torfmoose ihre Arbeit. Und während es oben gedeiht und unten im nassen Untergrund die abgestorbenen Teile nicht zersetzt werden, wachsen sie nicht nur in die Breite, sondern auch in die Höhe. So entstanden im Laufe von Jahrhunderten, Millimeter um Millimeter, Torfschicht um Torfschicht, die Hochmoore. In Ostfriesland begann dieser Zyklus nach der letzten Eiszeit vor etwa 10.000 bis 6.000 Jahren und bildete nahe Aurich das Meerhusener, das Tannenhausener und das Berumerfehner Moor.

Diese drei Hochmoorgebiete wuchsen allmählich so aufeinander zu, dass sich

mittig ein allseits von Moor umgebenes Moorauge bildete, in dem sich das herausquellende Moorwasser sammelte. Die Moore wuchsen weiter empor, und es ergab sich ein hohes, acht Meter über Normalnull liegendes Seebecken, das heute eine Fläche von rund 91 Hektar einnimmt. Damit ist das Ewige Meer der größte Hochmoorsee Deutschlands, vielleicht sogar Westeuropas. Und es ist tot! Mit seiner extremen Nährstoffarmut, dem hohen Säuregehalt (ph-Wert 4) und praktisch ohne mineralische Inhaltsstoffe ist das aufgestaute Nass höchst lebensfeindlich. Hier leben weder Fische noch Muscheln oder Wasserpflanzen, und auch die übliche Ufervegetation aus Schilf hält sich zurück. Es ist ein etwa zwei bis drei Meter tiefes Gewässer, das nicht verlandet und daher durchaus „ewig" bestehen kann. Allerdings leitet sich der Name wohl von dem der nahen Siedlung Eversmeer ab, der aus „Över't Meer" (Hinter dem See) entstand.

Das Moor ringsherum hingegen sprüht vor Leben. Auf weiten Flächen stehen Woll- und Pfeifengräser, Binsen und Seggen, dazwischen lassen sich sogar Arten des Insekten vertilgenden Sonnentaus aufspüren. Auch die giftverdächtige Trunkel- oder Moorbeere ist durchaus verbreitet. Ob diese Schwindel erregenden Beeren den Anlass für die Sagen von der gruseligen Moorhexe gaben, die durch die Nebelschwaden geistert? Zugleich ist die gefiederte Tierwelt in zahlreichen Arten vertreten. Der Ruf des seltenen Großen Brachvogels und die melancholische Stimme der Uferschnepfe sind ebenso zu vernehmen wie die drosselgroße Bekassine, die auch als „Himmelsziege" bekannt ist, weil sie im Sturzflug ihre Schwanzfedern laut „meckern" lässt. Echte Kenner warten auf Zilpzalp, Baumpieper und die sehr seltenen Trauerseeschwalben, die hier Anfang Mai aus Afrika eintreffen, um zu brüten.

So tot es auch ist, das Ewige Meer hat immer Saison. Selbst im Winter, wenn tausende durchreisende Enten und Gänse in seiner Umgebung Pause machen. Auch wenn das Meer bereits seit 1939 unter Naturschutz steht und die Bestimmungen seither ausgeweitet und verschärft wurden, darf man kein ursprüngliches Moor erwarten, dem weder das Abtorfen noch das Entwässern etwas anhaben konnte. Aber bei einem Gang über den knarzenden Bohlenweg lässt sich ein wenig von der Mystik dieser abgeschiedenen Gegend erfahren. Und spätestens wenn der Nebel steigt und die Himmelsziege meckert, ist sie nicht mehr fern, die schaurige Moorhexe …

Auf dem Holzwanderweg.

17 Museumsreif
Sir Henri und die Kunst

Wer in Emden auf der Außenterrasse des „Henri's" Platz nimmt, sitzt mitten drin im Herzen der ostfriesischen Kunstszene. Hier geht es schon beim Frühstück um Geschmacksfragen, Raffinesse und Kreativität sind die Hauptzutaten, dazu ein inklusives Konzept – und täglich frisch ist der Blick auf den norddeutschen Kunsttempel schlechthin: die Emdener Kunsthalle.

Den Namensgeber für das Café kennt hier natürlich jeder. Denn dem „Sir Henri", wie sich der gebürtige Emdener Henri Nannen (1913–1996) gern nennen ließ, hat die Stadt jenes bundesweit bekannte Museum mit angeschlossener Malschule zu verdanken. Seit 1986 lockt das Haus, das er eigens für seine Kunstsammlung hat errichten lassen, mit hochkarätigen Wechselausstellungen Besucher aus der ganzen Welt nach Ostfriesland. Der Sohn eines Emder Polizisten war gelernter Buchhändler, hatte Kunstgeschichte studiert, schrieb zeitweise für eine Kunstfachzeitschrift und gab den Stadionsprecher während der Olympischen Spiele 1936. Auch seine unrühmliche Tätigkeit als „Kriegsberichter" für eine Propagandaeinheit während des Zweiten Weltkrieges, für die er immer wieder in die Kritik geriet, muss Erwähnung finden. Nach dem Krieg verfolgte er in Hannover seine journalistische Karriere.

Sein Husarenstück konnte erstmals am 1. August 1948 an den Kiosken der Republik erworben werden. Für 40 Pfennige bekam man ein 16-seitiges Magazin, das Nannen mit Genehmigung der britischen Militärregierung aus einer Jugendzeitschrift entwickelt hatte. Mit markantem Stern-Emblem und der jungen Hildegard Knef auf dem Titel wurde der „Stern" von der ersten Ausgabe an zum Verkaufsschlager der deutschen Nachkriegszeit. Als Chefredakteur und Herausgeber sorgte Nannen dafür, dass die Illustrierte mit gewagten Reportagen und spektakulären Titeln diverse öffentliche Kontroversen auslöste. Der „Stern" wurde zum auflagenstärksten Magazin in ganz Europa, das 1958 erstmals die Millionengrenze überschritt.

Anfang der 1980er-Jahre kehrte der „Auflagenkönig" aus Hamburg in seine Heimat zurück, um sich fortan seiner wertvollen Kunstsammlung mit Bildern und Skulpturen des Expressionismus zu widmen. Gemeinsam mit seiner späteren Frau Eske, ebenfalls eine waschechte Ostfriesin, gelang es ihm, die Emder Bürger für die Kunst zu gewinnen. Eine Stiftung wurde ins Leben gerufen, in die nicht nur die private, museumsreife Sammlung Nannens, sondern auch sein persönliches Vermögen einflossen, woraus mit Unterstützung vieler Spender und Förderer die Emdener Kunsthalle entstand. Sie wurde 1986 als „lebendige Begegnungsstätte zwischen Bürgern und Bildern" von Bundespräsident Richard von Weizsäcker eröffnet. Seither begeistert das Kunsthaus alljährlich mit herausragenden

Ostfrieslands Brennpunkt für Kunst, Kultur und Kommunikation.

Ausstellungen und konnte den musealen Raum bereits mehrfach baulich erweitern. Die Kunsthalle ist ein besonderer Ort und eindeutig ein Höhepunkt der ostfriesischen Kulturgeschichte. Denn hier kann man sich nicht nur bei Projekten, Workshops und Führungen von der Kunst ein eigenes Bild machen, sondern auch künstlerische Techniken erlernen und verborgene Talente entdecken. Oder einfach so die Küchenkunst im „Henri's" genießen.

18 Das Imperium in Bentumersiel
Es kam, sah und ging

Natürlich, die Römer! Sie waren es, die Ostfriesland ins Licht der Geschichte rückten. Neu- und eroberungsgierig, wie sie waren, zogen sie kurz vor Christi Geburt auch in jene von Mooren und Wattenmeer abgeschirmte Region im nördlichen Germanien. Eine unwirkliche, unwirtliche Gegend, in der sich ein Volk behauptete, das selbst den stolzen Römern Respekt abverlangte: die „Frisii".

Als Erstes rückte der römische Feldherr Drusus heran, der in den Jahren 12 bis 8 vor Christus die rechtsrheinischen Gebiete und die Küste der Nordsee erkundete. Dort traf der Stiefsohn des Augustus auf die germanischen Volksstämme der Friesen und Chauken, wobei er die Ersteren zu Verbündeten machte, um die Letzteren zu unterwerfen. Doch daraus wurde nichts, da die römische Flotte im Wattenmeer strandete und nur mithilfe der Friesen gerettet werden konnte. In diesem Zusammenhang entstanden später die ersten Berichte über die „Frisii", die der Offizier und Schriftsteller Plinius der Ältere notierte. Er beschrieb ein Volk, das er als beklagenswert bezeichnete, denn in ihren Hütten „gleichen sie Seefahrern, wenn das Wasser das umliegende Land bedeckt, Schiffbrüchigen, wenn es zurückgetreten ist". Sie leben ohne Vieh und Milch, sogar ohne Wildtiere. Mit vor Kälte erstarrten Gliedern ernähren sie sich einzig von der Fischerei, sind immer von Schlamm, Schilf und Wind umgeben und sammeln ihr Trinkwasser in Gruben. Den römischen Gelehrten muss das mit Entsetzen und Abscheu erfüllt haben, dennoch schwingt in seiner Beschreibung eine gewisse Achtung mit.

Im Jahr 4 nach Christus schickte sich dann Kaiser Tiberius an, die Aufstände der nördlichen Stämme niederzuschlagen. Er unterwarf den Küstenstamm der Chauken, vertrieb die Langobarden von der Elbe und errichtete im Weserraum verschiedene Militärlager. Im heutigen Ostfriesland hinterließen jedoch weder Drusus noch Tiberius irgendwelche nachweisbaren Spuren. Dann kam Germanicus, und mit ihm acht Legionen, nichts weniger als das größte Heer seiner Zeit. Die Offensive von 14 bis 16 nach Christus wurde mit beträchtlichem Aufwand betrieben, um die Schmach vom Teutoburger Wald zu tilgen, die Statthalter Varus nur wenig zuvor (9 n. Chr.) erlitten hatte. Nach den Beschreibungen des Geschichtsschreibers Tacitus wurde die Armee auf etwa tausend Schiffen nach Norden geschafft. Eine mächtige Flotte, die vermutlich die idealen Uferverhältnisse nahe Jemgum nutzte, um anzulanden. Aber auch hier sind bis heute keine Spuren eines befestigten Heerlagers auszumachen. Allerdings fanden sich 1928 bei der Siedlung Bentumersiel auf dem westlichen Ufer der unteren Ems diverse Gegenstände, die von der Ausrüstung römischer Legionäre und ihrer Pferde stammen und zeitlich diesen Feldzügen

Überreste von einem römischen Pferdegeschirr.

des Germanicus zugerechnet werden. Zahllose Keramikscherben sprechen zudem dafür, dass die Legionäre hier mit Verpflegung aus der Heimat versorgt wurden.

So kam es im Sommer 16 abermals zu einer gewaltigen Schlacht und abermals musste das römische Reich empfindliche Verluste hinnehmen. Nur auf Kaisers Befehl und in einem trotzigen Triumphzug trat Germanicus im Herbst schließlich den Heimweg an. Tatsächlich war es der Verzicht Roms auf die militärische Kontrolle Germaniens, eine handfeste imperiale Kapitulation. Die Legionen zogen sich hinter den Rhein zurück und Arminius wurde als „liberator Germaniae", als Befreier Germaniens, unsterblich. Die ostfriesische Siedlung Bentumersiel in der Emsmündung, die einen winzigen Augenblick lang im Fokus der Weltgeschichte stand, bestand noch bis ins 3. Jahrhundert fort und war als Handels- und Umschlagplatz bekannt. Von den übermächtigen Streitern des römischen Imperiums hingegen blieb fast nichts.

19 Von Aufstieg und Fall
Die Schlacht auf den Wilden Äckern

Bei Upgant markiert ein Findling einen Höhepunkt der ostfriesischen Geschichte. Genau hier trafen am 28. Oktober 1427 die Häuptlinge und einstigen Verbündeten Focko Ukena und Ocko II. tom Brok mit ihren Mannen aufeinander. Das Ergebnis dieser auf den Wilden Äckern geführten Schlacht sollte den Untergang des einen und den Aufstieg des anderen Hauses nach sich ziehen.

Für die Häuptlingsfamilie tom Brok war das vergangene Jahrhundert sehr zufriedenstellend verlaufen. Aus bescheidenen Ursprüngen im Brookmerland und Auricherland war die Familie Stück für Stück emporgestiegen, sie besetzte bald sogar das Richteramt im Norderland, und Keno I. tom Brok schwang sich zum Häuptling der Region auf. Dessen weitgereister und in den Adelsstand erhobener Sohn Ocko I. führte das familiäre Machtstreben emsig fort. Dabei ging er skrupellos und mit taktischem Kalkül vor. Als er jedoch 1381 dem Grafen von Holland sogar sein „eygenlicken goede", also seine ostfriesischen Ländereien, als Lehen anbot, war er für die meisten Ostfriesen eindeutig zu weit gegangen. Das war Verrat an der „Friesischen Freiheit", ein Frevel, den Ocko mit dem Leben bezahlen musste. Unweit seiner neu errichteten Auricher Residenz wurde er ermordet.

Sein Sohn Widzeld machte in seiner Herrschsucht sogar mit den berüchtigten Vitalienbrüdern gemeinsame Sache, während der später nachfolgende jüngere Sohn Keno II. auch ohne Hilfe der Piraten 1413 die konkurrierende Familie Abdena vertrieb und deren Stadt Emden eroberte. Als Ocko II. tom Brok 1417 schließlich die Macht übernahm, hatte sich der familiäre Herrschaftsbereich so vergrößert, dass er sich als Erster überhaupt „Häuptling von Ostfriesland" nannte. In jenen Tagen des frühen 15. Jahrhunderts erlebte die Bevölkerung nach langen Krisenjahren erstmals wieder stabile wirtschaftliche Verhältnisse, mit denen auch das Selbstbewusstsein erstarkte. Weder die Bauern noch jene Häuptlinge, die immer mehr Ländereien verloren hatten, wollten sich Bevormundung und Drangsal durch die tom Brok weiterhin gefallen lassen. Im Namen der „Friesischen Freiheit" rief man zum gemeinsamen Waffengang auf.

Anführer war Häuptling Focko Ukena, ehemaliger Verwalter und mächtiger Verbündeter der tom Brock. Die Kämpfer unter dem einstigen Gefolgsmann besiegten Ocko mit seinen Verbündeten zunächst in der „Schlacht von Detern" (1426). Ein Jahr später trafen die aufgebotenen, einander ebenbürtigen Heere auf den Wilden Äckern aufeinander. Das blutige Schlachten wogte hin und her, doch am Ende unterlag die Armee der tom Brok. Ocko wurde in Leer eingekerkert, seine Stammburg zerstört. Zwar gelang ihm nach vier Jahren die Flucht, doch als er 1435 macht- und besitzlos verstarb, war er der Letzte seines Geschlechts. Aber auch sein Bezwinger

Gedenkstein in Upgant-Schott.

Focko Ukena konnte seine Ansprüche auf Dauer nicht durchsetzen und floh. Er verstarb nur ein Jahr nach Ocko. Wie es der aufsteigenden Häuptlingsfamilie Cirksena gelang, sich nun die Herrschaft über Ostfriesland anzueignen, und welche Rolle Focko Ukenas Enkelin Theda dabei spielte, das ist ein anderer Meilenstein der Geschichte. Auf den Wilden Äckern hingegen, wo an jenem Oktobertag vor fast 600 Jahren etwa viertausend Männer ihr Leben ließen, wird noch heute gerungen. In jeder Vollmondnacht, so weiß man zu erzählen, gehen die Geister der Erschlagenen erneut aufeinander los. Lautlos schwingen sie die schartigen Schwerter mit fleischlosen Händen und durchbohren ihre knöchernen Widersacher, bis endlich der Sonnenaufgang dem Spuk ein gnädiges Ende setzt.

20 Entführung einer Comtesse
Das Lied von Almuth & Engelmann

Es ist eine Episode, wie sie sich fantasiebegabte Autoren nicht besser hätten ausdenken können. Ein Action-Drama in Küsten-Kulisse, das von Liebe und unbesonnener Leidenschaft, Unglück und tiefer Einsamkeit berichtet. Tatsächlich lässt die historische Begebenheit um Comtesse Almuth von Cirksena (1465–1522) eher an Hollywood und Troja denn an Ostfriesland und Greetsiel denken.

Wir schreiben das Jahr 1490, jenes Jahr, in dem sich ein gewisser Christoph Kolumbus vergeblich um die Finanzierung einer geplanten Indienreise bemüht. Derweil hat Theda, die Witwe von Graf Ulrich I. Cirksena, ganz andere Sorgen. Sorgen? Nein, Gräfin Thelda ist aufs Äußerste erzürnt. Da hat sie 25 lange Jahre die Reichsgrafschaft Ostfriesland als Vormund ihrer Söhne regiert, und nun so was. Sie hat allerlei Höhen und Tiefen erlebt, ausländische Begehrlichkeiten abgewehrt und sogar den Oldenburgern die Friedeburg abgeluchst. Das war ihr Meisterstück, und sie setzte als Verwalter den hoffnungsvollen Drosten Engelmann von Hörstel ein, der weithin als „erbar und duchtig" gepriesen wurde. Auch auf ihre Kinder darf sie stolz sein, hat sie doch besonders den beiden ältesten Söhnen Enno und Edzard umfassende Bildung und ritterliche Tugenden angedeihen lassen. Seit etwa zehn Jahren hat Enno als zukünftiger Graf bereits einige Regierungsaufgaben übernommen, aber im Hintergrund behielt die Mutter die Zügel in der Hand. Und jetzt? Wenn man ihn braucht, ist er nicht da. Tatsächlich ist Enno schon vor einem Jahr zur Pilgerreise ins Heilige Land aufgebrochen, wo er sogar zum Ritter erklärt wurde. Doch was gilt das, wenn die jüngste Tochter alles Bemühen und Ansehen aufs Spiel setzt? Was die Gräfin in diesen Novembertagen zu Gehör bekommt, kann sie kaum fassen.

Ihre geliebte Tochter Almuth hat sich von jenem westfälischen Engelmann bezirzen lassen und sich zu einer heimlichen Entführung verabredet. Scheinbar ahnungslos ist sie mit ihrer Zofe vor dem Auricher Tor spaziert, als plötzlich der Drost mit einem Knecht angaloppiert kam. Dieser hat sich die Comtesse gepackt und „nam se achter sick up syn perdt", jener ergriff das Kammermädchen, um flugs auf die Burg Friedeburg zu entschwinden. Gräfin Theda ist außer sich über diese standeswidrige Dreistigkeit, doch der Drost verweigert die Rückgabe ihrer Tochter, selbst als sie Truppen entsendet, um dem Treiben ein Ende zu bereiten. Die Burg ist abgeriegelt und gut verproviantiert. Am 14. November lassen sich die beiden mit päpstlichem Segen vom Burgkaplan trauen.

Als Enno im Februar von seiner Reise heimkehrt, eilt er sogleich nach Friedeburg. Am zugefrorenen Burggraben treffen die beiden Kontrahenten aufeinander. Ein Wort gibt das andere, Enno rast vor Wut. Engelmann fürchtet um sein Leben und zieht er sich in die Burg zurück. Enno

Modell der ehemaligen Burg Friedeburg in Friedeburg.

und zwei seiner Diener setzen zur Verfolgung an, doch kann das Eis die Last der gepanzerten Ritter nicht länger tragen. Alle drei ertrinken jämmerlich in den eiskalten Fluten. Entsetzen macht sich breit. Und während sich Engelmann heimlich nach Groningen absetzt, wird Almuth mit zwei Zofen in ihrem Versteck aufgespürt und nach Aurich gebracht. Nach einer Strafpredigt, die sich gewaschen haben dürfte, wird sie in Greetsiel unter Arrest gesetzt.

Der verliebte Engelmann hingegen heckt in der Ferne erneut einen Fluchtplan aus. Und wirklich, bei einem Gottesdienstbesuch kann sich Almuth mithilfe einer alten Frau als Bettlerin verkleiden und entkommen. Die abenteuerliche Flucht führt sie über die Ems bis nach Holland, wo sie sich mit ihrem Geliebten in einem Gasthof treffen will. Doch unter den Gästen befindet sich ein Bekannter ihrer Brüder, der sie erkennt und verrät. Almuth wird gefasst und zurück nach Ostfriesland gebracht. Die weiteren Bemühungen des Edlen von Hörstel verlaufen im Sande. So bleibt die Comtess unter Arrest auf Burg Greetsiel. Zunächst im Beisein ihrer Mutter, die nach drei Jahren verschied, am 16. November, genau einen Tag nach Almuths Hochzeitstag. Comtess Almuth blieb bis zu ihrem Lebensende auf der Burg eingesperrt. Sie starb 1522, manche meinen, am gebrochenen Herzen.

21 Radeau, Radeau, raditjes doe
Der Gallimarkt zu Leer

Warum die Stadt Leer ihr größtes Fest ausgerechnet am Todestag eines irischen Wandermönchs feiert, der weit im Süden wirkte und als heiliger Patron der Gänse und Hühner nur wenig Bezug zur Waterkant hat, erschließt sich nicht sogleich. Dennoch wird seit 1508 am Tag des heiligen Gallus ein Markt abgehalten, der heute als größtes Volksfest Ostfrieslands gilt.

Wenn die „Radeau, Radeau"-Rufe der traditionell gekleideten Herolde durch die Straßen von Leer schallen, beginnt in Ostfriesland die „fünfte Jahreszeit". Was heute ein fünftägiger Megaevent mit zahllosen Buden und Fahrgeschäften, Feuerwerk und einigen hunderttausend Besuchern ist, begann ganz bescheiden vor über fünfhundert Jahren. Seinerzeit war es Graf Edzard I., „der Große", der dem kleinen Flecken an Ems und Leda das Marktrecht verlieh. Abgehalten werden sollte der Kram- und Viehmarkt am Tag des heiligen Gallus, der im 7. Jahrhundert an einem 16. Oktober starb. Eine Bauernweisheit zum Tag „Galli" besagt: „Nach dem Sankt-Gallus-Tag nichts mehr im Garten bleiben mag." Der Tag war also mit Bedacht gewählt, da es gemeinhin üblich war, bis zu diesem Datum die Ernte ein-

Blick auf Leer.

Bis heute rufen die Gallimarkt-Herolde den Markt aus.

zuholen und das Vieh einzustallen oder zu verkaufen. Ab jetzt konnte der erste Schnee fallen und die Bauern, Knechte und Mägde durften sich die Zeit nehmen, sich an der Kaakspütte, dem alten Zentrum des Fleckens mit Kaak (Pranger) und Brunnen (Pütte), mit Wintervorräten einzudecken und das Vieh zu verkaufen.

Hier fand der Markt bis etwa 1570 statt, dann wurde er aus Platzgründen an das „Hohe Ufer" und 1905 schließlich auf die „Große Bleiche" verlegt. Und weil das Datum häufig mit einem Sonntag und damit den Gottesdiensten kollidierte oder mit dem Bremer Freimarkt, verschob man den Gallimarkt um 1820 auf den Mittwoch nach dem Gallustag und 1902 auf den zweiten Mittwoch im Oktober. Über Jahrhunderte kamen die Händler im Oktober mit ihren Karren und Kähnen nach Leer, um ihre Waren auf dem Gallimarkt zu offerieren. Mitte des 19. Jahrhunderts, als der Markt bereits auf drei Tage ausgedehnt worden war, fanden sich auch die ersten Schausteller ein. Fortan ließen sich die Ostfriesen von Flohzirkus und Schaubuden, Marktschreiern und Musik, Hippodrom, „Russischer Schaukel" (Riesenrad) und Karussellen unterhalten.

Der plattdeutsche Ruf, mit dem die Herolde samt Trommler und Hellebardenträger seit 1907 den Markt eröffnen, unterstreicht die Königstreue und zählt einige Marktregeln auf, die bei Strafe zu befolgen sind:

Radeau, Radeau, raditjes doe, / de Stadt, de hört de König toe, / radeau, radeau, raditjes dum! / De Börgmester led vebeden, / dat nüms mag kopen of verkopen, / bevör de Klocke negen sleit, / bi Verlüß van Goderen, / un all wat over tein Pund weggt, / is na de Waage to brengen, / un darnaa dree Daag free Markt!

22 Dynastien in Gefahr
Die Schwester der Braut

Eine Geschichte, die einem seltsam bekannt vorkommt, könnte sie doch genauso als Miniserie im Pay-TV laufen oder als Plot für eine Daily-Soap mit „Liebe" im Titel dienen. Sie böte den genialen Aufmacher für Boulevardmedien und Talkshows, mit Scharen von Paparazzi auf der Jagd nach pikanten Details aus Adelskreisen. Es handelt sich um den ostfriesischen Sittenskandal von 1559: die „Vadstena-Affäre".

Die Protagonisten: König Gustav I. von Schweden und seine Kinder Erik, Katharina und Cäcilie sowie die ostfriesischen Grafensöhne Edzard II. und Johan II. und die englische Queen. Was bisher geschah: In den 1550er-Jahren gelingt es dem schwedischen König Gustav Wasa, seine Position im Ostseeraum zu stabilisieren, und er strebt nach Ostfriesland mit dessen günstigen Seeverbindungen. Um darauf Einfluss nehmen zu können, bietet er dem zukünftigen Grafen Edzard II. Cirksena die Hand einer seiner Töchter an. Edzard hat die Wahl und entscheidet sich für Katharina. Es folgt das übliche Hin und Her, bis endlich sämtliche Details des Ehevertrages ausgehandelt sind. Im Herbst 1559 reisen die beiden Cirksena-Brüder nach Stockholm, wo am 1. Oktober die Hochzeit zwischen Edzard II. von Ostfriesland und Katharina Wasa von Schweden stattfindet. Eine echte Königstochter für Ostfriesland! Diese Tatsache allein bringt die sozialen Medien der Zeit zum Glühen und überall wird von den üppigen Feierlichkeiten berichtet.

Im November macht sich das junge Paar in Begleitung von Bruder Johan sowie den Wasa-Kindern Cäcilie und Erik auf nach Ostfriesland. Kurz vor Weihnachten legt die illustre Reisegesellschaft einen Aufenthalt in Vadstena ein, wo Prinz Magnus Wasa in einem prächtigen Schloss residiert. Erneut wird die Vermählung bei opulenten Festen bejubelt. Weit entfernt von den strengen Blicken des Vaters genießt die jüngere Prinzessin Cäcilie ihre Freiheit und ergötzt sich an den Feierlichkeiten. Die als ausnehmend hübsch beschriebene Schwester der Braut zieht die Blicke auf sich und manch ein adliger Spross gerät ins Schwärmen. So nimmt es nicht wunder, dass die Palastwache beobachtet, wie nachts ein heimlicher Besucher mittels Leiter in das Gemach der Prinzessin gelangt. Schließlich ergeht eine Meldung der Vorgänge an den Bruder Prinz Erik. Dieser legt sich auf die Lauer, um das heimliche Paar in flagranti zu erwischen. Es ist so weit, er stürmt ins Zimmer und findet seine Schwester vor … und Edzards Bruder Johan, „nur mit einem Hemd bekleidet und ohne Hose"! Erik lässt den ostfriesischen Tunichtgut in aller Öffentlichkeit verhaften, abführen und nach Stockholm bringen, wo ihn der beschämte König kurzerhand in den Kerker wirft. Den königlichen Zorn über das ungebührliche Verhalten bekommt auch Cäcilie zu spüren, als sie endlich wieder daheim ist. Später notiert sie, wie ihr Vater sie verprügelt und ihr sogar

Heute ostfriesisches Burgenbau-Museum: die Manninga-Burg zu Pewsum.

Haare ausgerissen hat … Erik bekundet der Vater seine Verachtung, denn er hat nicht nur seine brüderliche Aufsichtspflicht verletzt, sondern dem Geschehnis durch seinen auffälligen Auftritt unnötige Aufmerksamkeit beschert. Ein Skandal, eine kaum zu überbietende Peinlichkeit. „Grafensohn ohne Hose im Prinzessinnen-Gemach", tönt der „Vatstenabullret" (Vadstena-Lärm) durch die europäischen Adelshäuser. Aus der verfahrenen Situation findet sich erst ein Ausweg, als Queen Elisabeth I. vermittelnd eingreift.

Was dann geschieht: Johan wird die Todesstrafe erlassen, er muss seine Keuschheit gegenüber der Prinzessin schwören, darf heimkehren, verliert jegliches Interesse an Frauen und stirbt ehelos. Er wird 53 Jahre alt. Cäcilie ist weiterhin eine begehrte Partie, wird Busenfreundin der Queen, heiratet einen deutschen Grafen, mit dem sie sechs Kinder hat, und führt als Witwe ein abenteuerliches Leben mit Verhältnissen, unehelichem Kind und Piratenflotte. Sie wird 86 Jahre alt. Edzard und Katharina werden in Hausarrest gesetzt, bekommen dort ihr erstes Kind, kehren schließlich heim und führen auf Burg Pewsum eine fast vierzigjährige Ehe, aus der weitere neun Kinder hervorgehen. Ende.

23 Frieden am Deich

Ein goldener Strich

Die Landgewinnung aus den tropfnassen Marschen war ein überaus aufwendiges Unterfangen. Doch waren die Gebiete erst einmal entwässert, mit aufgeworfenen Deichen gesichert und landfest gemacht worden, bildeten sie einen beachtenswerten Grundbesitz und boten stets Anlass für Streit und Hader. Es galt also eine Grenze zu ziehen: die Goldene Linie.

Alte Karten und moderne Satellitenbilder zeigen deutlich, dass die Harlebucht einst tief ins Landesinnere reichte. Nachdem die Insel Wangerooge weiter nach Osten gerückt war, konnten die Flutwellen ungehindert auf die Küste treffen. Besonders die schweren Sturmfluten des 14. Jahrhunderts drangen weit in das Land vor und bildeten einen 15 Kilometer breiten Meeresbusen. Orte wie Funnix und Tettens waren Küstenstädte. Erst als Spiekeroogs Ostspitze das Seegatt abzuwenden vermochte, begann die Verlandung. Ab 1545 nahmen die Menschen den Spaten selbst in die Hand und polderten das Gebiet Stück für Stück für Stück ein. Genau 350 Jahre lang, bis zur Eindeichung des Elisabethgrodens 1895, entstanden bis zu zehn Deichlinien hintereinander. Das Werk war bereits seit mehr als einem Jahrhundert vorangebracht worden, als sich Händel und Animositäten zwischen dem Fürstentum Ostfriesland im Westen und der Herrschaft Jever (Grafschaft Oldenburg) im Osten darum ergaben, wem das zukünftige Land gehören und wer die teure Entwässerung unterhalten solle.

Doch trotz der schon seit Jahrhunderten schwelenden Ränkespiele um Macht und Einfluss einigten sich die Nachbarn zwei Tage vor dem Weihnachtsfest des Jahres 1666. Von beiden Seiten wurden beeidigte Ingenieure als Landmesser ausgesandt, eine akzeptable Grenze zu ziehen. Man traf sich am Pfahldeich zwischen Neufunnixsiel und Neugarmsiel, wo ein Grenzpfahl den ostfriesischen vom jeverländischen Deich schied. Von hier aus, ein Stein mit dem Preußen-P und dem Oldenburg-O markiert die Stelle, wurden zwei Baken angepeilt, die zu diesem Zweck auf Spiekeroog und Wangerooge errichtet worden waren. Genau von der Mitte zwischen den beiden Punkten zu dem Pfahl auf dem Deich legten sie die Scheidlinie fest, die fortan die Grenze bestimmte. Die beiden Ingenieure trugen das Ergebnis mit goldfarbiger Tinte in die Karte ein. Zwar zog sich der Streit noch ein wenig hin, aber mit einer Zahlung von 11.000 Reichstalern an Fürst Carl Edzard von Ostfriesland im Jahr 1743 konnten schließlich auch letzte Zweifel beschwichtigt werden.

Trotz wechselnder Regierungen und der noch immer gen Osten wandernden Inseln sorgt die „Goldene Linie“ bis heute für Ruhe am Deich. Einzig die Traditionsgemeinschaft „Gilde zur Goldenen Linie von 1666“ mit je 13 Mitgliedern aus beiden Lagern kann es nicht lassen und pflegt die „Streytereyen“ von einst auch im Hier und Jetzt. Und am Anleger Harlesiel Ost nahm die gedachte Grenzlinie sogar auf 15 Metern Länge eine reale Gestalt an.

Luftaufnahme vom Harlesieler Hafen. Die Goldene Linie verlief durch die Harlebucht und durch Harlesiel und teilte das Fürstentum Ostfriesland und die Grafschaft Oldenburg. Auf 15 Metern Länge nimmt sie hier im Hafen eine reale Gestalt an.

24 Mode, Recht und Kult
Tee-Museen in Leer und Norden

Die Erfolgsgeschichte des in Ostfriesland und weltweit am meisten konsumierten Getränks nach Wasser nahm vor langer Zeit ihren Anfang in China. Mit der Ostindischen Kompanie fand das aromatische Aufgussgetränk dann den Weg nach Ostfriesland, wo sich seit dem 17. Jahrhundert ein echter Kult und ein immaterielles Kulturerbe entwickelte: die ostfriesische Teekultur.

Ein Besuch bei „Oma Aurich" war immer etwas Besonderes, denn sie hatte in der Küche ein Sofa stehen! Das war toll, denn so was kannten wir Binnenländer nicht. Und während die Kinder an der Kaffeetafel daheim mit einem Becher Milch abgespeist wurden, bekam bei der Oma in Ostfriesland jeder seine eigene kleine zarte Tasse mit roten Blumen drauf. Nun gab es „Verstandswater" für alle, auch für die Kinder. Mit baumelnden Beinen und der Nase kurz über der Tischkante hatten wir die bunten Tässchen genau im Blick. Schon klimperten dicke Kluntjestücke ins Porzellan, die dann mit kochend heißem Tee zum Knistern und Knacken gebracht wurden. Fehlte nur noch die Sahne, die Oma mit einem gebogenen Löffelchen und mit einem wolkenbeschwörenden „Wullllkje" vorsichtig auf den Tee gab. Geheimnisvoll war das, fast wie ein kultischer Brauch, und auf alle Fälle eine höchst behagliche Erinnerung. Und wenn's zum Spielen hinausging, gab's heimlich noch einen Kluntje in die Hand …

Wer einmal an einer ostfriesischen Teezeremonie teilgenommen und dem Sprichwort „Dree is Oostfresen Recht" nachgekommen ist, wird die Tee-Schwärmerei nachfühlen. Zumindest wurde diese ritualisierte Art des Teetrinkens und Inbegriff ostfriesischer Geselligkeit im Jahr 2016 neben der Falknerei, dem Schützenwesen und dem Skatspielen in das bundesweite Verzeichnis des immateriellen Kulturerbes aufgenommen. Kein Wunder also, dass die teebegeisterte Region gleich zwei Museen unterhält, die sich der Teekultur verschrieben haben. So kann man sich also in den Tee-Museen zu Leer und Norden ausführlich über eine Kulturpraxis unterrichten lassen, die hier seit rund 300 Jahren fest verankert ist. Dabei geht es in den musealen Darbietungen nicht nur um Herkunft, Herstellung und Handel, sondern auch darum, warum sich Tee überhaupt in Ostfriesland als Alltagsgetränk etablieren konnte. Sorten und Mischungen werden ebenso thematisiert wie die richtige Zubereitungsart und die Bedeutung von Porzellan und Dekor. Und natürlich werden allerlei merkwürdige Tee-Gerätschaften erläutert.

Man erfährt, dass jeder Ostfriese pro Jahr rund 300 Liter des den Verstand anregenden Getränks zu sich nimmt, was es mit Döpseldosen, Tüllensieben und „Rohmlepels" auf sich hat und warum der Tee hier weder gerührt noch geschüttelt werden darf. Und schließlich wird auch das Geheimnis um das Ostfriesenrecht auf

Altes Rathaus der Stadt Norden, Hauptgebäude des Ostfriesischen Teemuseums Norden.

„dree Koppkes Tee“ gelüftet, das vermutlich aus einem Schiffsrecht der holländischen Friesen entlehnt wurde, nach dem ein Schiffer täglich drei Mahlzeiten an seine Leute auszugeben hatte. Warum allerdings echter Ostfriesentee in echten Ostfriesenteetassen mit echtem ostfriesischen Kandis daheim immer anders schmeckt als in Ostfriesland, das bleibt ein Mysterium …

25 Kein göttliches Strafgericht
Sintflut der Neuzeit

Zwei Tage lang war ein Sturm über die Küste hinweggebraust, als sich das Wetter am Heiligen Abend zusehends beruhigte. Die Ostfriesen blieben gelassen, besuchten den Weihnachtsgottesdienst und gingen in Erwartung gesegneter Festtage zu Bett. Doch noch in selbiger Nacht brach eine Flutkatastrophe biblischen Ausmaßes über das Land herein: die Weihnachtssturmflut von 1717.

Jedem Ostfriesen klangen in jenen Tagen die Namen Marcellus, Dionysius, Kosmas und Damian wie Klageworte in den Ohren, waren es doch jene Heiligen, an deren Namenstagen im 14. und 15. Jahrhundert die Welt in den Fluten der Nordsee unterzugehen drohte. „Grote Mandränke“ nannte man einige dieser sintflutartigen, unauslöschlichen Ereignisse, von denen die Ältesten nur mit Schaudern erzählten. Zu Beginn des 18. Jahrhunderts war manchem Küstenbewohner auch noch die Petriflut von 1651 lebhaft in Erinnerung, bei der Juist in zwei Teile getrennt wurde. Und gerade erst hatten sie den „Great Storm“ von 1703 überstanden, bei dem 13 Schiffe der Royal Navy untergegangen waren, mit ihnen über 1.500 Seeleute. Auch die Fastnachtsflut von 1715, bei der die Inselkirche von Juist zerstört worden war, hatte man stoisch abgewettert. So blieb man 1717 relativ ruhig, als ein Sturm am 23. und 24. Dezember aus Richtung Südwest über den Norden hinwegbrauste. Am späten Heiligabend verlor der Wind deutlich an Kraft. Also machte man sich nach guter Christenart und mit ostfriesischem Stehvermögen auf, den Mitternachtsgottesdienst zu besuchen.

Man erkundigt sich bei den Nachbarn, stellt fest, dass das Tideniedrigwasser nicht so niedrig wie üblich steht. Kein wirklicher Grund zu ernster Sorge. Und weil man das nächste Hochwasser erst um sechs Uhr in der Frühe zu erwarten hat, legt man sich beruhigt schlafen. Doch in tiefster Nacht übernimmt ein nordatlantisches Tief die Herrschaft, dreht den Wind auf Nordwest und entfacht aus dem Sturm einen Orkan. Das Wasser steigt ungewöhnlich schnell und drückt mit Macht gegen die Küste. Gegen drei Uhr morgens brechen die ersten Deiche und die Fluten überraschen die Menschen im Schlaf. Weitere Deiche brechen, der „Blanke Hans“ tobt mit nie gesehener Macht und die Meereswogen ergießen sich „mit tosender Gewalt und reißender Schnelle über die weiten Ebenen“. Und das Hochwasser kommt erst noch!

Am Ende gilt die Weihnachtssturmflut von 1717 als größte Flutkatastrophe der Neuzeit. Zwischen den Niederlanden und Schleswig-Holstein zählte man rund 11.000 „erbärmlich umgekommene Menschen“, sie waren ertrunken, verhungert oder erfroren. 100.000 Stück Vieh waren ersoffen, mehr als 4.000 Häuser einfach fortgespült. Und als sei das noch nicht genug, folgte am 25. Februar 1718 die Eisflut, die die notdürftig geflickten Deiche abermals zerstörte und weite

Ein Stich von 1719 zeigt die „fast übernatürlich hohe Wasserflut" im Winter 1717/18.

Flächen erneut unter Wasser setzte. Viele Prediger erklärten das Unglück zu einem „göttlichen Strafgericht" und mahnten zur Buße. Doch schon die zeitgenössischen Deichbauer erkannten, dass keine höhere Macht, sondern die irdische Vernachlässigung der Deiche und Entwässerungsanlagen Ursache der Verheerung waren.

Und die Not griff weiter um sich. Das Vieh war kläglich untergegangen, Hab und Gut verloren, Vorräte und Saatgut zerstört und viele Böden für lange Zeit versalzen. Als die Bevölkerung nun herangezogen wurde, den Wiederaufbau der Deiche mit Geld und Arbeit zu unterstützen, sahen viele keinen anderen Ausweg und verließen ihre Heimat. Weil aber ohne Menschen kein Aufbau möglich war, erließ die Obrigkeit vielerorts Auswanderungsverbote und drohte für Nichtbeachtung drastische Strafen an. Und so sorgte diese Naturkatastrophe auch für einen fundamentalen gesellschaftlichen Wandel. Um nach 1717 Hilfe von der Landesherrschaft zu erhalten, gaben viele weitgehend freie und unabhängige Gemeinschaften ihre Autonomie, auf die sie stets so stolz gewesen waren, auf. Nach der Weihnachtsflut 1717 wurde Ostfriesland ein anderes Land.

26 Der Adler an der Waterkant
Ostfriesland wird preußisch

Zu Beginn des 18. Jahrhunderts stand es schlecht um Ostfriesland. Schulden, Katastrophen und ein erbitterter Streit zwischen Fürst und den Ständen bremsten jeglichen Fortschritt und die Konjunktur. Dann trat auch noch Preußen auf den Plan und machte die stolzen, freien Friesen zu seinen Untertanen. Und siehe, den Ostfriesen gefiel es durchaus und sie wurden insgesamt drei Mal zur preußischen Provinz erklärt.

Das Land war gebeutelt. Die Folgen des Dreißigjährigen Krieges waren noch immer nicht überwunden, die Hoffnungsstadt Emden hatte ihren Aufschwung und sogar die Hälfte ihrer Bewohner verloren, während Sturmfluten die Küstenländereien verheerten. Für weiteres Ungemach sorgte der sogenannte Appelle-Krieg (1726/27), in dem sich der Fürst von Ostfriesland und die Stände gegenüberstanden. Sie rangen um das Steuerrecht, wobei sich die ostfriesischen Stände in die „Gehorsamen" und die „Renitenten" spalteten und einen regelrechten Bürgerkrieg entfachten, bei dem Ostfriesen auf Ostfriesen schossen. Ein Konflikt, der das kleine Land für einen Augenblick sogar in den Fokus der europäischen Politik rückte. Und inmitten all dieser Konfusion ließ es sich der preußische König Friedrich Wilhelm I. nicht nehmen, aller Welt kundzutun, dass Preußens berechtigte Ansprüche auf Ostfriesland keineswegs vergessen waren.

Die preußische Anwartschaft auf das Fürstentum im Fall fehlender männlicher Erben wurde schließlich im Frühjahr 1744 in Verträgen anerkannt. In der sogenannten „Emder Konvention" waren für den unwahrscheinlichen Fall der Fälle Regelungen über Wirtschafts- und Schutzmaßnahmen, Förderungen und anderes exakt aufgeführt. Freilich war diese Angelegenheit alles andere als spruchreif, standen doch dem herrschenden, noch keine 30 Lenze zählenden Fürsten Carl Edzard noch alle Möglichkeiten offen. Doch das Schicksal hatte andere Pläne. Carl Edzard, der unerfahrene und wenig beliebte Fürst der Ostfriesen, wurde 28-jährig von einer plötzlichen Krankheit dahingerafft. Der Letzte der Cirksenas starb ohne Nachkommen in der Nacht zum 26. Mai 1744, womit sich gleichsam über Nacht das Los Ostfrieslands elementar wandelte.

Denn bereits am folgenden Morgen sorgte die Emder Garnison mit preußischem Schmiss für die Verbreitung der nun aktuellen Besitzpatente. Und anscheinend sorgten die resolut vorgetragenen Ansprüche selbst bei König Friedrich II. für ein gewisses Erstaunen, hätte er doch das ostfriesische Erbe gern mit gutem Gewinn an die Interessenten Hannover oder Niederlande weitergegeben. Doch die waren seinerzeit anderweitig beschäftigt und zogen kurzerhand ihre Truppen zurück, sodass die Preußen auf keinerlei Widerstand trafen. Bereits am 23. Juni nahm Friedrich eine Huldigung der Krone durch die Landstände entgegen und schuf mit der militärischen Besetzung von Emden und Aurich Tatsachen. Über Ost-

Seit 1901 wacht der „Alte Fritz" über das Schöpfwerk an der Knock.

friesland flatterte nun die Flagge mit dem schwarzen Adler.

Vermutlich war die Tatsache, plötzlich Untergebene eines Königs zu sein, für viele freie Friesen zunächst ein Schock, der sich jedoch je länger, je mehr zur relativen Zufriedenheit wandelte. Längst nicht alles lief wie erwünscht, so geriet die Moorkolonisation zum Fiasko und auch das Vorhaben einer asiatischen Handelskompanie scheiterte bald. Dafür zeitigten die Steuerwirtschaft, die Prozessordnung und die Verwaltung nach preußischem Vorbild rasche Wirkung. Am Ende führten gerechtere Einnahmen, geringere Schulden und weniger Rechtsstreitigkeiten zur Beruhigung aller Gemüter. Mit Emden als bedeutendem Freihafen konnte Ostfriesland um 1800 sogar eine „Goldene Zeit" erleben. Und auch wenn die Zukunft nicht golden blieb, so war man sich am Deich doch einig darüber, lieber unter den Preußen zu leben als unter Holländern, Franzosen oder Hannoveranern. Und so geriet Ostfriesland bis zur Gründung des Deutschen Reichs gleich drei Mal unter preußische Herrschaft, 1744–1807, 1813–1815, 1866, und blieb bis zur Auflösung des Freistaats Preußen 1947 unter der Adlerflagge.

27 Drinkeldodenkarkhoff
Die Erfindung der Seenotrettung

Es braucht keinen sturmerprobten Seemann, um zu erkennen, wie gefährlich die Nordsee ist. Man täte also gut daran, so erklärten einige kluge Köpfe schon um 1850, an der Küste einige Boote und Mannschaften zur Rettung von Menschen in Seenot zu unterhalten. Eine gute Idee, doch wie so häufig musste erst ein Unglück geschehen: die Havarie der „Johanne".

Wer sich bei schlechter Sicht, starkem Wind, mit zu kleinem Boot oder ohne Erfahrung mit den Unwägbarkeiten der Nordsee anlegt, dem droht Ungemach. Aber auch erfahrene Matrosen gehen im Watt verloren und selbst weltgereisten Mannschaften wurden die ostfriesischen Inseln immer wieder zum Verhängnis. So auch am 6. November 1854, als es der 15-köpfigen Mannschaft der Bark „Johanne" einfach nicht gelingen wollte, den nagelneuen Segler durch einen Nordweststurm von der Wesermündung bis nach Baltimore in den USA zu lotsen. Schon vor Helgoland geriet der Dreimaster in so schweres Wetter, dass ein Matrose über Bord ging. Vom Kurs abgekommen geriet der mächtige Holzsegler in die Brandungszone der Ostfriesischen Inseln, wo er schließlich drei Stunden vor dem Hochwasser im harten Sand von Spiekeroog auf Grund lief.

Ohne geeignete Mittel konnten die heraneilenden Insulaner keinerlei Hilfe leisten. Die Besatzung und die 216 Auswanderer an Bord waren auf sich allein gestellt und versuchten die Orkanböen und die peitschende See zu überstehen. Der Schiffsrumpf wurde herumgewirbelt, der Großmast zermalmte die Oberdeckkajüten, Vorratskisten, Koffer, Balken und Rahen schleuderten in den gewaltigen Brandungswellen herum. Sechs lange Stunden dauerte das Martyrium, bis sich die Überlebenden bei einsetzender Ebbe an Land retten konnten, wo ihnen die Inselbewohner Obdach boten. 77 Menschen, darunter 18 Kinder und sieben Säuglinge, verloren bei dem Unglück ihr Leben. Die 40 geborgenen Leichen wurden in einem Dünental bestattet, dem „Drinkeldodenkarkhoff" oder Friedhof der Ertrunkenen. „Ferne von ihrer Heimath fanden sie hier ihre letzte Ruhestätte", erinnert eine Gedenktafel bis heute.

Einmal mehr berichteten seinerzeit die Zeitungen über eine Schiffstragödie, abermals waren Rufe nach einem allgemeinen Rettungswesen zu hören und es wurden Bilder von noch mehr Auswanderern und noch mehr Unglücken beschworen. Auch verschiedene Fachleute verschafften sich Gehör – doch es geschah nichts. Erst 76 Schiffshavarien mit 118 Toten später, als die englische Brigg „Alliance" im September 1860 auf das Borkumriff auflief und die Inselbewohner dem Untergang tatenlos zusahen, ergriff die Empörung weitere Kreise. Die „Weser-Zeitung" beschrieb den Zustand gar als „wüste Barbarei, die als ein fauler Fleck in unser gesittetes norddeutsches Leben hineinbrennt". Weil sich zudem ausgewiesene Fachleute wie der Navigationsschullehrer

Seit 1865 rettet die Deutsche Gesellschaft zur Rettung Schiffbrüchiger in Seenot geratene Menschen aus Nord- und Ostsee.

Adolph Bermpohl und Oberzollinspekteur Georg Breusing für ein Rettungswesen einsetzten, kam schließlich Schwung in die Sache. Nach englischem Vorbild wurde in Emden am 2. März 1861 der „Verein zur Rettung Schiffbrüchiger an den ostfriesischen Küsten" gegründet, und Spiekeroog erhielt eine der ersten Rettungsstationen. Rasch fanden sich weitere örtliche Vereine zusammen, die sich schließlich 1865 zur Deutschen Gesellschaft zur Rettung Schiffbrüchiger zusammenschlossen.

In jenen Tagen war vom Wrack der „Johanne" kaum noch etwas übriggeblieben. Angeschwemmtes Holz diente als Baumaterial, das verbliebene Inventar war in alle Winde verkauft und die geretteten Auswanderer waren längst wieder in ihre Heimat zurückgekehrt. Nur wenige sollen den Mut aufgebracht haben, die gefährliche Reise ein zweites Mal anzutreten. Im Museum der Insel erinnert die erhaltene Schiffsglocke der „Johanne" an die Katastrophe und die Toten auf dem „Drinkeldodenkarkhoff". Letztlich ist es auch ihnen zu verdanken, dass heute 66 Rettungsboote in der Not zur Stelle sind und bis heute etwa 86.000 Seelen dem Meer entreißen konnten.

28 Inseln im Packeis
Ostfriesland extrem

Mit dem Wetter und seinen Kapriolen kennt man sich hier aus. Stürme, Deichbrüche und überflutete Ländereien gehören für Ostfriesland und seine Inseln seit jeher zu den naturgemäßen Unwägbarkeiten von Küste und Meer. Doch was sich Mitte November 1962 mit leichtem Schneefall und Dauerfrost ankündigte, der Extrem-Eiswinter 1962/63, darauf war man kaum gefasst.

Noch waren die Erinnerungen an den Orkan „Vincinette", der Mitte Februar auf die Küste losgegangen war, überaus frisch. Zwar war Ostfriesland relativ glimpflich davongekommen, als „die Siegreiche" mit 130 Kilometern in der Stunde die Menschen aus dem Schlaf riss, Bäume entwurzelte, Häuser abdeckte und den Hochwasserpegel in Hamburg auf 5,70 Meter trieb. Die Deiche brachen und insgesamt starben in jenen stürmischen Tagen 340 Menschen. Es war eine der gewaltigsten Sturmfluten des Jahrhunderts und eindeutig genug „Wetter" für ein Jahr, so die Hoffnung. Und vielleicht hätte man auf die Alten hören sollen, die beim Blick in den Hundertjährigen Kalender weiteres Übel argwöhnten.

Nach der Kälte im November sorgt ein kleines Sturmtief für Tauwetter, doch zieht es noch vor den Festtagen ab und überlässt einem riesigen Hochdruckgebiet über Nordosteuropa die Regie. Ab dem 19. Dezember dringt die extrem kalte Luft aus dem Osten nach Nordwestdeutschland und verursacht binnen weniger Stunden einen Temperatursturz auf unter minus 15 Grad. Es folgt ein Weihnachtswetter wie aus dem Bilderbuch. Strenger Dauerfrost wechselt sich mit Schneefall ab, doch die anhaltenden Winde mit stürmischen Böen und sibirischer Frostluft halten das Land über die Feiertage bis ins neue Jahr fest im Griff. Schon sind erste Versorgungsengpässe zu bemerken. Schneeverwehungen schneiden abgelegene Dörfer ab, während in den schlecht gedämmten Stadthäusern die Kohle- und Ölöfen unter Volllast laufen und die vereisten Straßenzüge in Smog hüllen.

Die Temperaturen fallen auf minus 20 Grad, sodass sämtliche Binnenschiffe festsitzen, die Baustellen stillliegen und die Tiere in den Ställen bleiben. Mit auflaufendem Wasser treiben riesige Felder aus Eisschollen an die Küste und türmen sich im Wattenmeer zu einer bizarren arktischen Landschaft auf. Die meisten Inseln sind zu Silvester eingeschlossen. Meterhohe Packeisbarrieren bewirken, dass keine Fähre mehr durchkommt und die Vorräte knapp werden. Neben dem Technischen Hilfswerk erweist sich die noch junge Bundeswehr als Retter in der Not. Vom Flugplatz Wittmundhafen, der noch gar nicht eröffnet ist, versorgen acht Hubschrauber die abgeschnittenen Inseln. Außer auf Nahrungsmittel, Viehfutter, Heizstoffe und Medikamente warten die Insulaner besonders auf die Post. Nicht nur dass in den Postsäcken nun auch die eine oder andere Kiste Schnaps per „Eisnot-Luftpost" eingeflogen wird, auch die

Im Winter 1962/63 flohen die Seehunde an Land.

Buchungen für die kommende Touristensaison werden seinerzeit noch auf postalischem Weg abgewickelt.

Im Februar ist Norddeutschland noch immer von einer 20 Zentimeter dicken Schneeschicht bedeckt. 28 Tage und Nächte lang verzeichnen die Meteorologen strengsten Frost und notieren eine massive Kältefront von Schottland bis Sizilien. Und während die „Truppe" allein im Landkreis Wittmund in über 1.800 Einsätzen über 1.500 Personen und über 1.000 Tonnen Fracht befördert, frieren im Süden Bodensee und Rhein zu. Wasservögel verhungern, Obstbäume zerbersten im Frost und Wildtiere drängen in die Siedlungen. Auf den Inseln werden sogar an Land fliehende Seehunde beobachtet. Erst Mitte März entspannt sich die Lage und die Fährverbindungen nehmen ihren Betrieb wieder auf. Ein dreimonatiger Rekordwinter geht zu Ende, der in Ostfriesland als unerbittlicher Eiswinter in die Geschichte eingegangen ist. Laut dem Institut für Meteorologie in Berlin verzeichnete man zwischen dem 1. März 1962 und dem 28. Februar 1963 die stärkste Kälteperiode in Norddeutschland seit 223 Jahren.

29 Erinnern, nicht verdrängen
Das August-Gottschalk-Haus in Esens

Wann die ersten Juden nach Ostfriesland kamen, ist nicht bekannt. Wann die Juden Ostfriesland nach etwa 400 Jahren wieder verlassen haben, wissen wir hingegen genau: im April 1940. Ein halbes Jahrhundert später öffnete in Esens ein Museum seine Pforten, das eindringlich über die Kultur und Geschichte der ostfriesischen Juden informiert: das August-Gottschalk-Haus.

Die ersten Einwanderer jüdischen Glaubens fanden sich um 1530 in Emden ein, wo Schutzbriefe ihnen ihr Recht auf Wohnung und Persönlichkeit, Lebens- und Glaubensausübung garantierten. Später kamen weitere, häufig aus dem Rheinland vertriebene Juden in Ostfriesland an und gründeten im Lauf der Zeit insgesamt elf Synagogengemeinden. Bemerkenswert ist, dass sie hier, im Gegensatz zu vielen anderen Regionen Nordwestdeutschlands, während des Mittelalters und der frühen Neuzeit geduldet wurden und ein unbehelligtes Leben führen konnten. So wurden die ostfriesischen Juden zu einem festen Bestandteil der Gesellschaft, dem unter den wechselnden Machthabern mal mehr, mal weniger Rechte und Pflichten zugesprochen wurden. Die Anhänger der christlichen und die der jüdischen Religion arrangierten sich und lebten in einem guten Verhältnis miteinander. Ganz selbstverständlich errichteten die Juden ihre Synagogen, Schulen und Gemeindehäuser, sie unterwarfen sich der Wehrpflicht, wurden unverzichtbare Mitglieder zahlloser Vereine und vielfach sogar in die Stadträte gewählt.

Wer hätte ahnen können, dass sich die gelegentlichen antisemitischen Anfeindungen in den 1920er-Jahren auch im beschaulichen Ostfriesland zum menschenfeindlichen Rassenwahn der NS-Diktatur steigern würden. In der Pogromnacht 1938 brannten auch in den ostfriesischen Städten die Synagogen und im April 1940 konnte Ostfriesland als erste Region im Reich melden: „Wir sind judenfrei!“ Vermutlich fielen mehr als 1.400 Ostfriesen jüdischen Glaubens dem Holocaust zum Opfer.

Das ehemalige Gemeindehaus der jüdischen Bürger von Esens hatte den Brand der benachbarten Synagoge, deren Reste jahrzehntelang als Garage dienten, nahezu unbeschadet überstanden. Das

„Erinnern, nicht verdrängen!“

Das einzige erhaltene jüdische Gemeindehaus in Ostfriesland.

um 1900 erbaute Gebäude, in dem auch eine Wohnung für den jüdischen Kultusbeamten, ein Schulzimmer sowie ein Ritualbad (Mikwe) untergebracht waren, wurde schon 1940 als privates Wohnhaus genutzt, weshalb es den Fackeln der Nazis entging. 1985 erwarb die Stadt das Haus, um es abzureißen und die Fläche als erweiterten Parkraum zu nutzen. Gerade noch rechtzeitig erinnerten sich die Bürger von Esens an die jüdischen Ursprünge des Bauwerks sowie die einstige Anwesenheit einer jüdischen Gemeinde und gründeten den Verein „Ökumenischer Arbeitskreis Juden und Christen in Esens", um das einzige erhaltene jüdische Gemeindehaus in Ostfriesland zu retten.

Es gelang. Nach dem Motto „Erinnern, nicht verdrängen" wurde das einstige Gemeindehaus unter Denkmalschutz gestellt, umfassend renoviert und zu einer Gedenkstätte umgestaltet. Im August 1990 konnte es als „August-Gottschalk-Haus" der Öffentlichkeit übergeben werden. Benannt nach einem Lehrer, Vorbeter und rituellen Schlachter der jüdischen Gemeinde, der es mit seiner Familie bis 1927 bewohnt hatte, beherbergt es heute ein beeindruckendes Museum. In den authentisch hergerichteten Räumen informiert eine Dauerausstellung über den Alltag, das religiöse Leben und die Feiertage der jüdischen Gemeinde in Esens und thematisiert die Ausgrenzung, Verfolgung und Vernichtung der ostfriesischen Juden. Diese intensiven Bemühungen um die Erinnerung und den Erhalt des kulturellen jüdischen Erbes sollen an dieser Stelle ebenfalls als Meilenstein der Geschichte Ostfrieslands Würdigung finden.

30 Mit einem Bein im Taufbecken

König Radbod

In den Niederlanden wird er als strahlender Held dargestellt: groß, athletisch, sein blonder Haarschopf wallt, sein Bart sträubt sich rebellisch, er trägt den Waffenrock mit Leichtigkeit und führt das Schwert mit Macht. Vermutlich war es nicht ganz so herrlich, dennoch wird er auch in Ostfriesland als Inbegriff friesischen Selbstbewusstseins verehrt: Radbod, König der Friesen.

Nur wenige Schritte neben der schönen Backsteinkirche zu Dunum im Harlingerland kann man im Schatten einiger Bäume den Rabbels- oder Radbodsberg finden. Unter diesem „Berg" soll eben jener Held bestattet worden sein, der dem Kinospektakel „Redbad – Pfad des Kriegers" (2018) als Vorbild diente. Und tatsächlich haben Grabungen bestätigt, dass es sich bei diesem Hügel um eine Grabstätte handelt. Eine urgeschichtliche Grabanlage, in der man Urnen-, Brand- und Körpergräber fand, zudem eine Steinkiste und einen Pferdeschädel mit Lederresten. Die Expertise ergab, dass der Hügel von der Stein- über die Bronze- bis hin zur frühen Eisenzeit, also von etwa 3000 vor Christus bis Christi Geburt, belegt wurde.

Radbod jedoch herrschte von 679 bis 719 über das Großfriesische Reich, zu dem auch das heutige Ostfriesland zählte.

Etwa von Brügge bis zur Weser reichte sein Einflussgebiet, das er von Utrecht und Dorestad aus beherrschte. Als er damals die Führung übernahm, widerrief er sämtliche Zusagen, die sein Vorgänger, der erste urkundlich belegte Friesenkönig Aldgisil, den Franken bezüglich des christlichen Glaubens gegeben hatte. So kam es um 689 zur Konfrontation mit dem fränkischen Hausmeier Pippin dem Mittleren, bei der die Friesen unterlagen. Radbod musste den Wandel in Glaubensdingen schlechterdings akzeptieren und zulassen, dass Utrecht zu einem Zentrum der christlichen Mission wurde. Die Hochzeit seiner Tochter mit Pippins Sohn unterstrich sein Zugeständnis. Radbod ließ die Christen unbehelligt missionieren, predigen und taufen, sodass viele meinten, er selbst stehe schon mit einem Bein im Taufbecken. Es wird erzählt, dass ihn der Bischof schon beinahe von der christlichen Botschaft überzeugt habe, von einem ewigen Himmelreich fern der Hölle und voll von gnädigen Heiligen … Aber weit

Urgeschichtliche Grabanlage …

… und königliche Ruhestätte: der Rabbelsberg.

gefehlt, wie es in einem Gedicht (Wilhelm Hertz, „Ratbot der Friese“, 1859) heißt:

Doch der Herzog ruft ergrimmend: ‚Nur zu weiberweichen Betern / Kann mich euer Heiland senden? Nicht zu meinen tapfern Vätern? / Laßt mich hin! Was wollt ihr sprechen, wenn die Helden nach mir fragen? / Treulich will ich mich mit ihnen durch die ganze Hölle schlagen.‘

Radbod blieb seinem Glauben treu. Unmittelbar nach Pippins Tod 714 rief er ein friesisches Heer zusammen, das die verlorenen Landesteile zurückeroberte und Hausmeier Karl Martell dessen einzige Niederlage zufügte. Alle Kirchen wurden abgerissen und sämtliche Priester und Missionare vertrieben. Niemand sollte den stolzen Friesen den Zugang an die Tafeln der Ahnen verwehren. So tat man sich auch nach Radbods Tod mit dem Christentum schwer und auch der missionierende „Frankenknecht“ Bonifatius wurde erschlagen. Radbod galt als Kämpfer und Anführer, wie er im Buche steht, nur dass kein Buch viel über ihn erzählt. Seine Biografie wird von Legenden und Sagen überliefert. Im Bewusstsein des gesamten ehemals friesischen Siedlungsgebiets an der Nordsee gilt er bis heute als Inbegriff des Widerstands gegen jegliche äußere Einflussnahme. Und nach altem Wissen soll Radbod, wo er auch bestattet worden sein mag, dereinst auferstehen, um die alten friesischen Lande wieder zu vereinen.

31 Der Urostfriese
Der Mann aus Bernuthsfeld

Das haben Rolf und Ehme ihr Leben lang nicht vergessen. Es war am 24. Mai 1907, als die beiden Brüder just dabei waren, nördlich von Tannenhausen bei Bernuthsfeld Torfsoden aus dem trockengelegten Moor zu stechen, als ihre Schaufeln plötzlich auf Widerstand trafen. Stofffetzen und Kleiderreste kamen zutage, und Knochen! Schreck lass nach, die beiden hatten eine Leiche gefunden.

Weil die beiden Jugendlichen allerdings Scherereien befürchteten, verbuddelten sie ihren Gruselfund rasch auf Nachbarsgrund. Doch der örtliche Polizist bekam Wind von der Sache und schaltete das Amtsgericht Aurich ein. Es wurde eine polizeiliche Untersuchung angeordnet. Aufgrund der merkwürdigen Beschaffenheit der vorgefundenen Kleidung konnte ein aktueller Mordfall rasch ausgeschlossen werden, aber dennoch zog man sicherheitshalber Archivrat Franz Wachter aus Aurich heran, der sich mit alten Dingen auskannte. Der passionierte Hobbyarchäologe barg die Leiche samt Haaren, Kleidung, Messerscheide und ließ sich auch die ursprüngliche, mit Moos ausgepolsterte Grabstätte zeigen. Es erfolgte eine erste wissenschaftliche Untersuchung, nach der es sich bei der Moorleiche um einen etwa 30 Jahre alten Mann handelte, der vermutlich in der Zeit um Christi Geburt gelebt hatte und möglicherweise erschlagen wurde.

Danach wurde es stiller um den Mann aus Bernuthsfeld. Er kam ins Ostfriesische Landesmuseum Emden, wo man ihn in einem gläsernen Sarg ausstellte. Keine gute Idee, da dem Moormann das starke Neonlicht und die glücksbringenden Geldmünzen, die ihm Besucher in den Sarg stopften, arg zusetzten. In den 1990er-Jahren erfolgte schließlich eine grundlegende Konservierung, und bei erneuten Untersuchungen stellte man sogar fest, dass der Mann von Bernuthsfeld wohl erst im 8. Jahrhundert gestorben war, in jener Zeit also, als Karl der Große versuchte, das Land der Ostfriesen zu unterwerfen. Für die beteiligten Archäologen und Historiker eine Überraschung, handelt es sich doch so um eine der wenigen erhaltenen Moorleichen aus dem Mittelalter.

Seit 2011 steht „Bernie“ erneut im Mittelpunkt von umfangreichen Untersuchungen, bei denen über 50 verschiedene Fachleute ihn mit den modernsten Mitteln untersuchen und erforschen. Sie bestätigen, dass der etwa 1,80 Meter große Mann vermutlich zwischen 40 und 80 Jahre alt geworden ist. Zudem entdeckte man Spuren von zeitweiliger Mangelernährung, Kinderkrankheiten und sogar eine verheilte Rippenfraktur. Außerdem wurden eine chronische Hüft-Arthrose und eine Entzündung an der Wirbelsäule, die zu einer Blockwirbelbildung führte, festgestellt. In seinen letzten Jahren wird der Mann von Bernuthsfeld deshalb vom Leben gebeugt gegangen sein. Eine Schädelverletzung dürfte lagerungsbedingt entstanden sein. Auffällig sind seine

„Bernie" erregt Aufsehen, damals wie heute.

gepflegten Zähne mit wenig Abnutzungsspuren, sein markantes Kinn und die knielange, langärmlige Wolltunika aus über vierzig recycelten, aber hochwertigen und teils farbigen Stoffteilen. Karomuster im Brustbereich des Ponchos ergänzen den extravaganten modischen Auftritt. Der (dunkel)blonde „Bernie" war, so ist man sich heute sicher, zu seinen Lebzeiten kein einfacher Bauer, sondern muss eine aufsehenerregende Erscheinung gewesen sein. Warum man ihn jedoch damals vor rund 1.200 Jahren nicht auf einem Gräberfeld, sondern abgeschieden im Moor bestattete, das stellt die Wissenschaft bis heute vor ein Rätsel.

32 Von Likedeelern und der „Bunten Kuh"
Klaus Störtebecker

Seinen Namen und sein Gesicht kennen alle, doch hieß er so und sah so aus? Seine Taten sind geläufig und sein Tod heroisch, doch war es so? Bis heute wird kaum eine Gestalt in der Geschichte Ostfrieslands so verehrt, glorifiziert und mit Mythen umhüllt wie der legendäre Anführer der „Likedeeler": Nikolaus (Klaus, Clawes) Störtebecker.

Die Geschichte des ostfriesischen Jack Sparrow und Fluchs der Waterkant nahm in den späten 1380er-Jahren ihren Anfang. In jener Zeit, die von Kriegen, Pest und massiver Agrarkrise gebeutelt war, entbrannte zwischen dem Königreich Dänemark und dem Herzogtum Mecklenburg ein Streit um die Vorherrschaft im Ostseeraum. Um seine Ansprüche zu unterstreichen, heuerte Herzog Albrecht III. eine ansehnliche Truppe Freibeuter an, die er vornehmlich aus verarmten Adeligen, Geächteten und anderen Verstoßenen rekrutierte. Jeder, der eine Waffe zu führen wusste, wurde in der Truppe aufgenommen. Mit Kaperbriefen ausgestattet gingen diese gedungenen Seesöldner nun daran, dänische Schiffe aufzubringen. Die erbeuteten Waren durften die verantwortlichen Kapitäne auf den Märkten der Hansestädte frei verkaufen. Als tollkühnen Blockadebrechern gelang es ihnen sogar, das belagerte Stockholm mit Lebensmitteln (Viktualien) zu versorgen, was ihnen den Namen Viktualienbrüder, Fratres Vitalienses oder Vitalienbrüder einbrachte. Sie feierten große Erfolge, sodass sich bald zahlreiche resignierte Bauern- und Händlersöhne in ihren Reihen einfanden. Denn neben der ausgelassenen Gesetzlosigkeit lockte die Freibeutertruppe auch mit der Gleichberechtigung, nach der jeder den gleichen Anteil an eroberten Prisen erhielt. Das waren die unvergleichlichen Gleichteiler, die fabelhaften „Likedeeler", die mit ihren spektakulären Machenschaften dafür sorgten, dass erst der dänische, dann der gesamte Ostseehandel einbrach.

Mit dem 1395 geschlossenen dänisch-mecklenburgischen Frieden verloren die Söldner zur See jedoch ihr Kaperrecht und den legalen Broterwerb. Die nutzbringenden Kaperfahrer und Freibeuter wurden zu gesetzlosen Piraten und Seeräubern, denen nun die Hansestädte und der Deutsche Orden nachstellten. So entsandte der Orden 1398 mehr als 80 Schiffe nach Gotland und vertrieb die Piraten in die Nordsee. Da sie dort einigen ostfriesischen Häuptlingen bei Stammesfehden Waffenhilfe leisteten und zudem einen neuen Markt für ihre Beute fanden, ergab sich eine besondere Nähe zu Ostfriesland, dessen flache Häfen wie Marienhafe manchen Piraten als sichere Rückzugsorte dienten.

Vielleicht war einer von ihnen tatsächlich Klaus Störtebecker, der dem Namen nach einen üblichen Vier-Liter-Krug in einem Zug leeren konnte („Stürz den Becher") oder ein ehemaliger Wirt oder Bechermacher war. Gern stellt man ihn sich mit struppigem Bart und keckem Barett wie das Porträt von Ritter Kunz von

Das Störtebecker-Denkmal in Marienhafe entstand 1992 nach einer Radierung von Daniel Hopfer (1508).

der Rose vor und dichtet ihm an, dass er seine Beute mit den Armen teilte. Vermutlich hat es den auf See räubernden Störtebecker tatsächlich gegeben, ebenso wie den Anführer Gödeke Michels. Beide wurden vermutlich im April 1401 von einer hanseatischen Armada um das Flaggschiff „Bunte Kuh" nach einer Seeschlacht vor Helgoland gefangen genommen und nach Hamburg gebracht. Am 20. Oktober des Jahres soll Störtebecker mit rund 70 anderen Likedeelern auf dem Hamburger Grasbrook enthauptet worden sein. Und nein, kein Mensch, auch nicht ein legendärer Held wie Klaus Störtebecker, kann ohne Kopf an elf Kameraden vorbeilaufen.

33 Des Fräuleins Rache
Maria von Jever

Leg dich nicht mit Friesinnen an! So könnte die Moral jener Geschichte lauten, die sich in den 1530er-Jahren in den Küstenlanden abspielte. Einmal mehr dachten die tonangebenden Cirksena-Grafen tun zu können, was ihnen beliebte. Doch diesmal gerieten sie an die Falsche. Maria von Jever zeigte den ostfriesischen Chauvinisten, was emanzipierte Friesinnen so drauf haben.

Als Maria, Tochter des Häuptlings Edo Wiemken und seiner Frau, der Tochter des Grafen von Oldenburg, zur Welt kam, herrschten unruhige Zeiten. Man schrieb das Jahr 1500 und der Graf hatte alle Hände voll zu tun, sein kleines Land sowohl gegen die stürmischen Meeresfluten als auch gegen Übergriffe aus der Nachbarschaft zu verteidigen. Ein Jahr später verlor sie ihre Mutter, mit elf Jahren ihren Vater und 1517 auch ihren nur wenig älteren Bruder. Als zukünftige Erbinnen der Herrschaft Jever blieben die drei unerfahrenen Mädchen Anna, Maria und Dorothea zurück. Was nun geschah, ist ebenso faszinierend wie dramatisch und könnte durchaus als Kapitel jener Fantasy-Serie durchgehen, in der sich alles um das „Spiel der Throne“ dreht. Cirksena-Chef Graf Edzard I. sah seine Chance gekommen, Jever endlich an sich zu bringen. Es folgten martialisches Säbelrasseln, ein gefälschter Lehnsbrief und das großspurige Versprechen einer Hochzeit zwischen den Wiemken-Fräuleins und den Edzard-Söhnen. Und tatsächlich erzwang er so die Schutzherrschaft über das Jeverland, das später als Mitgift an Ostfriesland gehen sollte.

Gewiss, man wehrte andere Angreifer ab und reparierte die Deiche, allerdings sprach niemand mehr von einer Hochzeit. 1527 dann die Offenbarung: Edzards Söhne überfielen kurzerhand die Burg von Jever und demütigten die verbliebenen zwei Fräuleins, ließen sich als Herren und Helden huldigen und heirateten vermeintlich lukrativere Partien. Maria und Anna sollten mit einer Mitgift abgespeist werden. Als Verwalter wurde Drost Boing von Oldersum eingesetzt, der die beiden zur Übergabe drängen sollte. Doch es kam, wie in einem Roman, völlig anders. Denn Boing hatte ein Einsehen und stellte sich auf die Seite Marias, vertrieb die Besatzer 1531 aus Jever und wurde ihr Geliebter. Heiraten wollte er sie sogar, jedoch erst, wenn sein angekratzter Ruf wieder hergestellt sei. Maria hingegen war richtig grimmig, übernahm die Ansprüche ihrer kranken Schwester und verteidigte ihr väterliches Erbe mit allen ihr zur Verfügung stehenden Mitteln. Sie brachte Klagen vor, verhandelte mit den großen Mächten und verbündete sich mit Gegnern Ostfrieslands. Angetragenen Heiratsideen erteilte sie vehement Absagen und pochte auf ihr Recht zu heiraten, wen sie wollte. Zudem verteidigte sie mehrfach ihre Stadt und baute die Burg aus.

Das Jahr 1540 wurde zum Jahr der Entscheidung und der Vertrag von Oes-

Mit Hut, Hund und Gründungsurkunde präsentiert sich „Fräulein Maria“ seit 1899 in der Nähe des Schlosses.

tringfelde sollte den Kleinkrieg beenden. Schon war Boing rehabilitiert und der Heirat mit Maria stand nichts mehr im Wege, als noch vor Vertragsschluss Balthasar von Esens ins Jeverland einfiel, das nun auch von Enno von Ostfriesland verteidigt wurde. Das Ende war tragisch: Enno starb. Balthasar starb. Boing starb. Doch der Kampf war vorerst vorbei und Jever unabhängig. Maria heiratete also nicht und blieb ein Fräulein, das sich mit Hingabe dem Wohlergehen ihres kleinen Landes widmete, Kunst und Kultur förderte, eine Schule gründete und Jever zu einer blühenden Residenzstadt formte. In ihrem Testament überschrieb sie Jever an die Grafen von Oldenburg, sofern diese sich nicht mit den Ostfriesen einlassen würden. Die souveräne und weithin verehrte Herrin starb 1575. Um jedoch sicherzustellen, dass die ostfriesischen Nachbarn keine Tricks versuchten und rechtzeitig ein rechtmäßiger Erbe bereitstehen würde, wurde ihr Tod mehrere Tage lang geheim gehalten, inklusive Zimmerservice und leeren Tellern. Seither müssen die Ostfriesen immer wieder erklären, warum das östliche Friesland nicht zu Ostfriesland gehört und die östlichen Friesen mürrisch werden, wenn man sie als Ostfriesen bezeichnet. Möglicherweise ist das die späte Rache von Fräulein Maria.

34 In reformierter Mission
Johannes a Lasco

Glaubensdinge sind kompliziert. Gerade in Ostfriesland, wo sich Mitte des 16. Jahrhunderts verschiedene Formen der Reformation ausgebildet haben. Um endlich Klarheit zu schaffen, war ein wahrlich helles Köpfchen vonnöten. Und so war Gräfin Anna heilfroh, dass just ein äußerst kluger Kopf in der Stadt weilte und sich zum Ordnen der Dinge engagieren ließ: Johannes a Lasco (1499–1560).

Der kluge Kopf hieß eigentlich Jan Laski der Jüngere und war ein geborener Baron. Als Jugendlicher begleitete der polnische Adelsspross seinen Onkel – Kanzler, Erzbischof und Primas von Polen in einer Person – zu einem Konzil nach Rom. Dann sah man ihn Theologie studieren und er wurde als geweihter Priester zum Sekretär bei Hofe ernannt. Bald bereiste er in diplomatischer Mission die Machtzentren Europas. Er wurde Schüler des Humanisten Erasmus von Rotterdam, lernte in Basel die reformatorischen Ideen Zwinglis kennen und wurde mit den lutherischen Reformatoren Melanchthon und Hardenberg bekannt. Letzterem folgte er bis in die Universitätsstadt Löwen, wo er ein Mädchen aus einfachen Verhältnissen kennenlernte und ehelichte. Und damit war er der erste polnische Geistliche, der unverblümt das Zölibat brach.

Schon nahm die Inquisition die Verfolgung auf, doch er konnte fliehen und gelangte Mitte 1540 nach Ostfriesland, wo seinerzeit ein Chaos aus altgläubigen, täuferischen und verschiedenen lutherischen Glaubensrichtungen herrschte. Die Zeitgenossen meinten sogar, dass man in hiesiger Kirche „so viele Ketzereien, Sekten und Schismen zählt wie Köpfe“. Graf Enno II. bat ihn daher, das Durcheinander zu bändigen, doch er lehnte ab. Zwei Jahre später bot ihm Grafenwitwe Anna in Emden den Posten des Landessuperintendenten für alle Evangelischen in Ostfriesland erneut an. Da er mit allen anderen Verpflichtungen gebrochen hatte, sagte er diesmal zu. Sogleich machte er sich an die Arbeit und organisierte unter anderem die wöchentliche Zusammenkunft aller ostfriesischen Prediger sowie den Emder Kirchenrat. Es folgten zahlreiche weitere Reformen mit der Entfernung vieler Bilder aus den Kirchen, und er veröffentlichte 1446 den Emder Katechismus. Und auch wenn sich hier und da Widerstand gegen seine als zu radikal empfundenen Veränderungen regte und er seinen Platz 1449 räumen musste, war es a Lasco doch gelungen, dem ostfriesischen Kirchenwesen Strukturen zu verleihen, die im Kern bis heute bestehen.

Schon weilte er in London, wo er den Exil-Reformierten aus den Niederlanden vorstand. Mit ihnen musste er abermals die Flucht antreten, als Maria „die Katholische“ den Thron bestieg. Da verschiedene Ostseestädte die 175 Flüchtenden abwiesen, landeten sie schließlich in Emden, wo man sie aufnahm. Dieser Moment gilt als Auftakt für eine große Zuwanderungs-

Dieser Stich von 1720 zeigt den berühmten Theologen und Reformator Jan Laski alias Johannes a Lasco.

welle, bei der Emdens Große Kirche ihren Ruf als „Moederkerk" des niederländischen Protestantismus erwarb. A Lasco bekam zwar seinen Posten nicht zurück, lebte aber in seiner alten Gemeinde und veröffentlichte mit Gellius Faber 1554 den Kleinen Emder Katechismus, der bis 1888 in ganz Ostfriesland Bestand hatte. Allerdings blieben weiterhin allerlei theologische Unstimmigkeiten, weshalb der streitbare und kompromisslose Reformator 1555 kurzerhand des Landes verwiesen wurde.

Zurück in Polen versuchte er bis zu seinem Tod, die dortige ebenfalls zerstrittene protestantische Kirche zu ordnen. In Emden erinnert man sich bis heute an jenen weit gereisten Baron und Priester, der maßgeblich für die Neugestaltung des ostfriesischen Kirchenwesens verantwortlich war. Deutlichstes Andenken ist die im Krieg zerstörte „Moederkerk", in deren Ruinen 1995 ein fantastischer Bibliotheksneubau eröffnete, mit dem Altes und Neues eine sehenswerte Verknüpfung bilden. Die Johannes a Lasco Bibliothek (JALB) mit ihren 150.000 Büchern und bibliophilen Schätzen ist zudem ein außergewöhnlicher Ort für Konzerte, Vorträge und Ausstellungen und gilt als schönster Veranstaltungsraum Norddeutschlands. Es ist ein zauberhafter Ort, um sich komplizierten Glaubensdingen zu widmen.

35 Weißt du, wie die Sterne steh'n …? David Fabricius

Schon zu Lebzeiten war der Pastor von Osteel eine Berühmtheit. Ein Mann, der sich mit Gelehrten schrieb, den Himmel kannte und die Sterne zu deuten vermochte, der eine Heimatchronik und Reiseberichte verfasste, Karten erstellte, das Wetter beschrieb und dann ein wahrlich barbarisches Ende fand: David Fabricius (1564–1617).

Der Sohn eines Schmieds zu Esens besuchte die Lateinschule, studierte ein wenig und übernahm 20-jährig das Pastorenamt in Resterhafe bei Dornum. Doch statt sich einzig dem geistlichen Himmelreich zu verschreiben, blickte der junge Diener Gottes in den realen Himmel, beobachtete Sonne, Mond und Sterne und notierte akribisch seine kosmischen Beobachtungen. Schon bald gingen erste Briefe aus der ostfriesischen Provinz an die gelehrtesten Köpfe seiner Zeit, mit denen er naturphilosophische und astronomische Fragen diskutierte. Berühmte Namen wie Johannes Kepler und Tycho Brahe standen auf seiner Adressliste. Fernab der akademischen Dreh- und Angelpunkte sah der Himmelsforscher genau hin und entdeckte im Sternbild Walfisch erstmals einen wundersamen, in seiner Helligkeit variierenden Stern (Mira Ceti). Später kam noch ein ganz neues Gestirn dazu.

Fabricius entwickelte sich zu einem vielseitigen Naturforscher, der sich auch als Astrologe einen Namen machte. Wie die meisten Menschen seiner Zeit war er von der Macht überzeugt, mit der die Planeten und ihre Konstellationen auf Menschen, Witterung und sämtliche Geschehnisse wirken. Vertraut mit den Regeln der Astronomie, den Gesetzen der Mathematik und auch mit der Wissenschaftssprache Latein, lieferte er umfangreiche „Stundenschauen", sogenannte Horoskope. Bereits 1589 legte er zudem als erster eine Karte von Ostfriesland vor, die auf eigenen Positionsbestimmungen beruhte und deren beachtliche Genauigkeit bis heute erstaunt. Ab 1604 wirkte er in Osteel, einem winzigen Ort mit riesiger Kirche. Sein ältester Sohn Johann, der „mathematische Wissenschaften" und Medizin studierte, brachte ein neuartiges Fernrohr mit, mit dem die beiden einen neuen Blick auf die Sonne wagten. Bei dem augengefährdenden Unterfangen entdeckten sie 1611 auf der Oberfläche einige bewegliche, dunkle Tupfen. Die Publikation dieser Sonnenflecken erregte weithin Aufsehen, entsprach sie doch weder den klassischen Anschauungen noch der kirchlichen Lehrmeinung. Die Sonne hatte „vollkommen" und „unbefleckt" zu sein!

Aber Fabricius senior war durchaus auch terrestrisch interessiert. So verfasste er eine ostfriesische Chronik sowie Reiseberichte durch fernste Regionen, die er selbst nie gesehen hatte. Und ganz nebenbei dokumentierte er in seinem „Calendarium Historicum" (1591–1613) das ostfriesische Wetter. Da Messungen noch nicht möglich waren, nutzte er seine Sprachgewandtheit und fand für sein Wet-

Auf dem Friedhof von Osteel und an der Kirche von Resthafe wird an den Astronomen Fabricius erinnert.

tertagebuch 175 Bezeichnungen für Frost und Kälte sowie 66 Beschreibungen für Windstärken. Gewichte hingegen waren messbar, und so ließ er sich auf der Waage zu Emden wiegen und notierte am Rande: „Bin also nackend 173 Pfund." Am 17. Mai 1617 blieb der vielbeschäftigte Pastor daheim, da ihm sein persönliches Horoskop für diesen Tag nichts Gutes prophezeite. Erst gegen Abend machte er einen Spaziergang. Nach wenigen Schritten, die Sterne standen wahrlich ungünstig, lauerte ihm jener Mann auf, den er zuvor bei seiner Predigt als Dieb verdächtigt hatte, und erschlug ihn mit einem Torfspaten. Das Schicksal der Familie Fabricius ist ungewiss, sein Werk verlor sich und ein Grab gibt es auch nicht. Nur Urania, die Muse aller Sternkundigen, erinnert in Osteel mit Fernrohr und gefleckter Sonnenscheibe an die ostfriesischen Himmelsforscher, die beide im Abstand von nur vier Monaten verstarben. Ein Schicksal, das selbst die Sterne nicht sahen.

36 Ein Kind der Fortuna
Der „tolle" Freiherr

Während der Dreißigjährige Krieg die deutschen Lande in ein blutiges Schlachthaus verwandelte, blieb Ostfriesland von den großen Gemetzeln verschont. Dennoch wurde die Grafschaft durch Besetzung, Erpressung und Einquartierung fremder Truppen ausgezehrt. Nur einer verstand es, sich den Krieg zunutze zu machen: Dodo Freiherr zu Innhausen und zu Knyphausen (1583–1636).

Der Sohn des Freiherrn zu Inn- und Knyphausen, zu dessen Besitz unter anderem das prächtige Schloss Lütetsburg gehörte, entschied sich schon 1602 für den Kriegsdienst. Als 19-Jähriger begab er sich in die Dienste des Fürsten Moritz von Oranien, Statthalter der Niederlande und einer der erfolgreichsten Feldherren seiner Zeit. Rasch gelang dem ostfriesischen Adelsspross der Aufstieg bis zum General der Artillerie. Nach einer Verwundung kehrte er jedoch in die Heimat zurück, wo er das Drostenamt zu Stickhausen übernahm und 1610 die vermögende Anna von Schade ehelichte. Doch scheinbar erwies sich die Heimat trotz aller Aufgaben als zu beengt für den Eifer des jungen Offiziers. Ihn verlangte es danach, Mannschaften zu organisieren, Strategien zu ersinnen und Taktiken in Taten umzusetzen. Also machte er sich mit militärischem Verständnis und dem Geld seiner Frau ab 1615 daran, in das Unternehmen Krieg zu investieren.

Der Freiherr betätigte sich fortan als einer der gewerbsmäßigen Söldnerführer, die man auch als „Kinder der Fortuna" bezeichnete. Denn tatsächlich hing ihr Schicksal weit mehr vom Glück als von Loyalität oder Pflichtgefühl ab. Für rechte Anführer eines Söldnerhaufens war absolute Gewissenlosigkeit notwendig, da die Truppen ausnahmslos für jeden kämpften, der in seiner Schatulle genügend Münzen vorwies. Selbst die Feinde von heute konnten morgen schon Kunden sein. So sehen wir Knyphausen zunächst für die Hansestädte als Regimentsobrist kämpfen, dann als Verbindungsmann zur Hanse des Pfalzgrafen Friedrich V. Ab 1620 verdingte er sich als pfälzischer Obrist unter dem Befehl des Herzogs Christian von Braunschweig-Wolfenbüttel. Für den „tollen Halberstädter", der auch als „toller Christian" und „wilder Herzog" in die Annalen des Krieges einging, zog er drei Jahre durchs Land. Bis zur fürchterlichen Niederlage gegen den kaiserlichen Schlachtenlenker Tilly bei Stadtlohn, wobei auch sein eigenes Regiment völlig aufgerieben wurde. Und weil der Krieg keine Freunde kennt, wurde er vom „tollen Christian" für die Niederlage verantwortlich gemacht und sogar zum Tode verurteilt. Doch er konnte das Blatt wenden und diente sich bald dem Grafen Ernst von Mansfeld an, einem Söldnerführer in höchster Vollendung, unter dem er in kaiserliche Gefangenschaft geriet.

Es gelang ihm jedoch zu fliehen, und er ließ sich 1629 vom schwedischen König Gustav II. Adolf als Stadtkommandant für

Ein Stich von Matthäus Merian (1644) porträtiert Dodo Freiherr von Inhausen und zu Knyphausen.

Neubrandenburg anwerben. 1631 verteidigte er die Stadt mit seinem friesischen Regiment und sechs Fähnlein schottischer Söldner zunächst gegen die zehnfache Übermacht Tillys. Nach dreitägiger Kanonade fiel die Stadt und Knyphausen geriet mit Frau und Kindern wieder in kaiserliche Gefangenschaft. Knapp zwei Jahre später war er wieder frei und befehligte seine Truppe in der Schlacht von Lützen, die er nach dem Tod des schwedischen Königs zu gewinnen half. Sein Lohn: die Ernennung zum Feldmarschall. Er kämpfte 1633 bei Hessisch Oldendorf und erhielt für seine glanzvolle Leistung vom schwedischen Kanzler die Kriegsbeute Emsland übertragen. Nach der Eroberung von Osnabrück zog er sich schließlich von seinem Kommando zurück und widmete sich seinen Ländereien.

Einmal noch, im Januar 1636, übernahm er den Befehl über die schwedischen Truppen. Den Sieg gegen eine zahlenmäßige Übermacht sollte er jedoch nicht mehr erleben, er fiel schon zu Beginn der Schlacht bei Haselünne. Sein Leichnam wurde einbalsamiert, aufgebahrt und per Schiff nach Emden überführt. Seinen Frieden fand der Kriegsmann in der Gruft der kleinen Kirche zu Jennelt, wo er weitläufigen Grundbesitz geerbt hatte. Neben ihm ruht „Frau General-Feldmarschallin" Anna von Schade, wohlselige Herrin des Emslandes.

37 Der ostfriesische Tempelbauer
Conrad Bernhard Meyer

Ihn als genialen Baumeister zu bezeichnen, der das Stadtbild von Aurich prägte wie kein anderer, ist ebenso richtig wie zu gering. Denn dieser Ostfriese war auch als Gastwirt und Kupferstecher, Kanalbauer und Erfinder, Pferde- und Tabakhändler sowie als Fabrikant und Ehrenamtler erfolgreich. Ein Tausendsassa mit schlichtem Namen: Conrad Bernhard Meyer (1755–1830).

Eigentlich wollte er Mathematik studieren. Für den Sohn eines Auricher Landwirts des 18. Jahrhunderts ein eher ungewöhnliches Lehrfach, doch er hatte es immerhin schon bis auf die Lateinschule geschafft. Als sein Vater dann am Auricher Markt einen Gasthof erwarb, den er seinem 18-jährigen Sohn übertrug, war es um die Schullaufbahn geschehen und Conrad Bernhard Meyer stieg in die Gastronomie ein. Seinen neuen Karriereweg beschritt er mit großer Kreativität und kaufmännischem Geschick. So baute der künstlerisch ambitionierte Wirt 1786 einen 14 Meter hohen „Huldigungstempel" für den preußischen König, der alle Blicke auf sich zog. Das Gebilde aus Holz und Papier, behängt mit 2.000 bunten Kugeln und 800 Lampen, galt bald als die touristische Attraktion der Stadt, und das Hotel „Schwarzer Bär" stieg zum ersten Haus am Platze auf.

Die Preise allerdings, die einige Kupferstecher für ein Abbild des „Tempels" verlangten, empfand Meyer als hanebüchen. Kurzerhand machte er sich selbst ans Werk. Da er jedoch keine entsprechende Ausbildung hatte, erfand er den „Transparentspiegel", eine Apparatur, mit der auch Laien Gegenstände naturgetreu auf Papier übertragen konnten. Fortan verkaufte Hotelier Meyer neben Porträts und Stadtansichten auch seinen „Spiegel", der bis nach London und Sankt Petersburg gelangte. Bald war er rings um Aurich als talentierter „Mechanicus" bekannt, der unter anderem Kanalschleusen, ein städtisches Löschwassersystem und sogar ein mechanisches Schafott ersann. Nachdem er sein Hotel schließlich gewinnbringend veräußern konnte, investierte er sowohl in das mondäne Seebad Norderney als auch in die flaue Moorbesiedlung, unterhielt dazu einen Bauhandel und eine Tonpfeifenfabrik, praktischerweise mit eigener Sägemühle sowie eigenem Tabakhandel.

Ab 1790 entwickelte Meyer zudem eine Leidenschaft für die Architektur, sodass er sich autodidaktisch Kenntnisse aneignete und diese mit dem Entwurf für ein klassizistisches Wohnhaus am Marktplatz in die Tat umsetzte (Löwen-Apotheke). Bald folgten weitere Aufträge wie das Hafenwärterhaus (Pingelhus), die zwei Conringschen Häuser samt Gartenhaus (Kunstpavillon), diverse andere Privathäuser als auch das Friedhofswärterhaus für die Lambertikirche. Ein echter Meilenstein in der ostfriesischen Baugeschichte und sein ganz persönliches Meisterstück entstand 1812 bis 1814 an der Kirchstraße. Der Anstoß kam von Kaiser

Die Lambertikirche zu Aurich gilt als einziger klassizistischer Zentralbau der Region.

Napoleon höchstselbst. Denn diesem hatte es gefallen, der evangelisch-reformierten Kirche zu Aurich 15.000 Francs zu schenken, damit sie einen „der Stadt zur Zierde gereichenden Tempel“ erbaute. C.B. Meyer machte sich ans Werk und entwarf abermals einen „Tempel“. Diesen jedoch formte er nach dem berühmten Pantheon in Rom als einen von Säulen getragenen runden Kuppelbau, der sich hinter einer antiken Fassade mit vier wuchtigen dorischen Säulen verbirgt. Am Ende verschlang der „Tempel“ die 15-fache Summe und man dachte laut über den Verkauf der Immobilie nach. Doch mit Spendengeldern von der lutherischen und sogar der jüdischen Gemeinde – Meyer hatte die Synagoge entworfen – blieb sie als faszinierender Kirchenraum erhalten und gibt Zeugnis von der Meisterschaft des ostfriesischen Tempelbauers mit schlichtem Namen.

38 „Hülfe ist nicht mehr da“
Tjark Ulrich Honken Evers

Im Alten Zollhaus auf Baltrum, in dem der Heimatverein die Geschichte der Insel erzählt, wurde dem Tod ein eigenes Zimmer eingeräumt. Neben Kreuzen und Grabstelen macht eine kleine hölzerne Kiste deutlich, dass der Alltag der Insulaner seit jeher von den Tücken des Wattenmeeres mitbestimmt wird. Sie symbolisiert das tragische Schicksal des angehenden Steuermanns Tjark Ulrich Honken Evers (1845–1866).

In den frühen Morgenstunden des 23. Dezember 1866 sticht im alten Hafen von Westeraccumersiel ein Ruderboot in See. Mit an Bord ist der jüngste Sohn des Baltrumer Schiffers Evers, der sich an der Navigationsschule zu Timmel zum Steuermann ausbilden lässt. Tjark Ulrich Honken Evers, der erst vor wenigen Tagen seinen 21. Geburtstag begehen durfte, schickt sich an, seine Familie auf der Insel zum Weihnachtsfest zu überraschen. In seinem Seesack trägt er nur ein paar Habseligkeiten mit, darunter eine hölzerne Zigarrenkiste, ein Halstuch für seine Mutter sowie ein schmales Büchlein, in das er seine nautischen Formeln geschrieben hat. Adventssonntag, morgens um sieben. Dichter Nebel zieht über das Wattenmeer. Auflaufend Wasser, die Flut strömt heran. Mit kräftigen Ruderschlägen geht es nach Langeoog, wo ein anderer Inselbewohner an Land geht. Sie pullen weiter gen Westen, Richtung Baltrum. Die Männer legen sich ordentlich ins Zeug, um die starke Strömung des Accumer Ee zu kreuzen. Doch bald ist das kabbelige Seegatt zwischen den beiden Inseln überwunden und unmittelbar vor ihnen taucht im nebelverhangenen Zwielicht Land auf. Schon kratzt der Kiel über Sand. Hurtig springt Tjark ans Ufer und verabschiedet sich rasch von den zwei Bootsleuten, die sich flugs auf den Heimweg machen.

Schon sind sie fort, vom Grau des Nebels verschluckt. Den Seesack geschultert macht sich der angehende Steuermann auf den Weg und erreicht nach kurzem Marsch erneut das Meer. Mit Entsetzen muss er feststellen, dass ihm und den Ruderern ein fataler Irrtum unterlaufen ist. Das, was sie für den Rand von Baltrum hielten, ist in Wirklichkeit nur eine vorgelagerte Sandbank, die bei auflaufendem Wasser bald komplett überflutet ist. Vollständig von der See eingeschlossen, umhüllt von dichten Nebelschwaden und ohne Orientierung erkennt der junge Seemann die Aussichtslosigkeit seiner Situation. Angesichts des unabwendbaren Schicksals in den rasch steigenden Fluten holt er sein Notizbuch hervor. Während ihm das Wasser bereits bis zu den Knien steht, notiert er einen Gruß an seine Mutter und bittet um Gottes Gnade und Vergebung. „Liebe Eltern, Gebrüder und Schwestern“, notiert er weiter, „ich stehe hier auf einer Plat und muß ertrinken, ich bekomme euch nicht wieder zu sehen und ihr mich nicht.“ Das Büchlein versieht er mit der Bitte um Weitergabe an „Cpt. H. E. Evers Insel Baltrum“ und verstaut es in

Das Tjark-Evers-Denkmal (2015) zeigt neben Wellen und Weihnachtsbaum auch die legendäre Holzkiste.

der „Sigarren-Kiste“, die er mit dem Tuch verschnürt.

Die eiskalten Fluten sind gnadenlos, sie verschlingen den jungen Seemann, sein Leichnam wurde nie gefunden. Am 3. Januar 1867 jedoch, genau zehn Tage später, wurde bei Wangerooge eine hölzerne, von einem Tuch umschlungene Kiste gefunden, in der sein Notizbuch dem Meerwasser getrotzt hatte. Kurz darauf erfuhr die Schifferfamilie Evers auf Baltrum von dem Drama ganz in ihrer Nähe. 135 Jahre später, im Juni 2002, traf die Zigarrenkiste des Tjark Evers erneut an ihrem Bestimmungsort Baltrum ein. Der Urenkel von Tjarks Bruder überreichte das Familienerbstück dem Heimatverein der Insel, der es als erschütterndes Zeugnis für die Überlegenheit des Meeres in seine Sammlung aufnahm.

39 Gegen die „wuthblickende Hydra"

Karl Heinrich Ulrichs

Als der hochgewachsene Ostfriese an das Rednerpult tritt, muss er allen Mut zusammennehmen. Er hat Beispielloses vor. Er will öffentlich die Heiratserlaubnis zwischen Männern fordern und sich selbst zur gleichgeschlechtlichen Liebe bekennen. Er liefert das erste Coming-out eines Homosexuellen in der bisherigen Weltgeschichte: Karl Heinrich Ulrichs (1825–1895).

Vermutlich ahnte Ulrichs, was geschehen würde. Und so ging sein Appell für Straffreiheit und rechtliche Gleichstellung der gleichgeschlechtlichen Beziehung, den er an rund 500 Rechtsgelehrte richtete, in empörtem Geschrei und Tumult unter. Das war zu viel. Er müsse wohl verrückt oder zumindest unzurechnungsfähig sein! Nahe Aurich geboren, hatte Ulrichs in Göttingen und Berlin studiert. Als er 22 Jahre alt war, er hatte gerade seine auf Latein verfasste Dissertation über den Westfälischen Frieden beendet, beschloss er für sich, dass er seine homosexuellen Neigungen endlich selbst anerkennen wollte. Die Anziehungskraft, die andere Männer auf ihn ausübten, wollte er nicht mehr ignorieren und verstecken, sondern leben und verstehen.

Zunächst vermutete er darin einen geheimnisvollen „animalischen Magnetismus", dann entwickelte er verschiedene Theorien zur gleichgeschlechtlichen Liebe, in denen er über weibliche und männliche Pole sowie die weibliche Seele im männlichen Körper philosophierte. Da es den Begriff Homosexualität noch nicht gab, entlehnte er aus der griechischen Mythologie die Begriffe „Urninge" für schwule Männer und „Urninden" für lesbische Frauen. 1854, er war als Gerichtsassessor in Hildesheim beschäftigt, verfolgte ihn das Gerücht, dass er „widernatürliche Wollust mit anderen Männern treibe". Um einer Untersuchung zu entgehen, verließ er den Staatsdienst und wurde bei Celle als Anwalt tätig. Doch das Ministerium setzte ihm nach und ein Berufsverbot durch, sodass sich Ulrichs fortan als Journalist, Privatsekretär und Sprachlehrer, er galt schließlich als die Latein-Koryphäe seiner Zeit, durchschlagen musste. Trotz allem führte er seine sexualwissenschaftlichen Studien weiter, deren Ergebnisse er ab 1864 in den Schriften „Forschungen über das Räthsel der mannmännlichen Liebe" publizierte. Ulrichs war davon überzeugt, dass diese und damit seine Veranlagung eine natürliche Erscheinung ist, weder ein geistiges Gebrechen noch eine Krankheit.

Aber er blieb ein Außenseiter, der sich mit dem Thema von Neigungen auseinandersetzte, die weithin als „widernatürliche Unzucht" geächtet und strafrechtlich verfolgt wurden. Nach seinem Auftritt auf dem Deutschen Juristentag in München schlugen die Wellen hoch und die preußischen Behörden beschlagnahmten und vernichteten sein gesamtes Archiv. Seit der Gründung des Deutschen Reichs 1871 musste er dann erleben, wie die Repressalien gegen jegliche Form der Homosexu-

Eine undatierte Fotografie gilt als Vorlage für diese 1899 veröffentlichte Darstellung Ulrichs.

alität mit dem Paragrafen 175 nochmals verschärft wurden. 1880 gab er auf und zog ins Exil nach Italien. Doch jenen Tag im Jahr 1867, als er „den Muth fand, Aug' in Auge entgegenzutreten einer tausendjährigen, vieltausendköpfigen, wuthblickenden Hydra", den sollte er nicht mehr vergessen. 150 Jahre vor der gegenwärtigen Gender-, Queer-, LGBT-Debatte durfte er auf seine Haltung wahrlich stolz sein. Inzwischen erinnert man sich auch in seiner Heimat wieder an den „ersten Schwulen der Weltgeschichte" und „Pionier der Sexualwissenschaften".

40 Ein verwegener Gedanke
Hermine Edenhuizen

Als sie den Vorlesungssaal betrat, taten die männlichen Studenten ihr Missfallen mit Füßescharren und Pfiffen kund. „Neuerdings kommen Frauen auf den verwegenen Gedanken, Medizin zu studieren. Das ist Unfug!", lehrte auch der Professor. Doch sie erwarb tatsächlich einen Doktortitel und wurde die erste niedergelassene Frauenärztin des Kaiserreichs: Hermine Edenhuizen (1872–1955).

Für Hermine, die Tochter des angesehenen Landarztes Edenhuizen im ostfriesischen Pewsum (Krummhörn), war der Lebensweg vorgezeichnet: Höhere Töchterschule, nette Konversation, Warten auf den passenden Ehemann. Selbst ihr Vater hing der Meinung an, dass weibliche Gehirne zu klein und zu leicht für eine akademische Bildung seien. Lehrerin werden? Abgelehnt! Hermine langweilte sich und las alles, was sie finden konnte, auch einen Artikel der Pädagogin Helene Lange, einer wichtigen Initiatorin der Frauenbewegung. Hermine war Feuer und Flamme und hatte ein neues Ziel: in Berlin einen „Gymnasialkurs für Frauen" besuchen, studieren und Frauenärztin werden! Nachdem ihr Vater schließlich zugestimmt hatte, wurde sie von der Berliner Frauenrechtlerin aufgenommen und bestand 1896 alle Prüfungen – als eine der ersten zehn Abiturientinnen Deutschlands.

Ein Studium wurde ihr nur unter Vorbehalt als Gasthörerin gestattet und die Vorlesungen gestalteten sich als wahrer Spießrutenlauf. Sie wechselte von Berlin nach Halle und Bonn, wo mehr Frauen anwesend und die Bedingungen erheblich erträglicher waren. 1903 gehörten sie und ihre Schulfreundin Frida Busch zu den ersten Frauen, die an der Uni Bonn einen Doktortitel erwarben: „summa

Die Frauenärztin Hermine Heusler-Edenhuisen um 1930.

Die neue Burg in Pewsum: Geburtsort der ersten niedergelassenen Frauenärztin Deutschlands.

cum laude". Sechs Jahre später ließ sich Frau Dr. med. Edenhuizen zunächst in Köln, dann in Berlin als erste deutsche „Fachärztin für Frauenkrankheiten und Geburtshilfe" nieder.

Sie heiratete 1912 den Mediziner Heusler. Die Hochzeit wurde weithin als Skandal beschrien, hatte er sich doch für die Heirat mit ihr von seiner Frau scheiden lassen. Sogar Gerüchte von einem Ehevertrag machten die Runde. Unerhört. Dann wurden auch noch zwei Kinder adoptiert, Frau Doktor gab sich sogar einen Doppelnamen und arbeitete tatsächlich als verheiratete Frau einfach weiter. So was hatte man ja noch nicht gesehen! Fortan trat Frau Heusler-Edenhuizen als Wegbereiterin der modernen Geburtenkontrolle in Erscheinung, forderte lautstark die sexuelle Aufklärung, Werbung für Kondome und prangerte als Gründungsvorsitzende des Verbandes deutscher Ärztinnen das Abtreibungsverbot (§ 218) an. Aufgewachsen in Ostfriesland, „fern von jeglichem Einfluss frauenrechtlicher Ideen", wie sie selber notierte, war Dr. Hermine Heusler-Edenhuizen eine wichtige Vorkämpferin und ein starkes Vorbild für das Recht aller Frauen auf Bildung und den eigenen Körper.

41 „Geistiges Schaffen isoliert …“ Rudolf C. Eucken

Dass in Ostfriesland die Wiegen einiger Autoren standen, die mit plattdeutschen Geschichten und Abhandlungen über Astronomie, lokalen Krimis und Reportagen so manchen Bestseller schufen, dürfte einigermaßen geläufig sein. Dass Ostfriesland zudem die Heimat eines Nobelpreisträgers für Literatur ist, wurde schlechterdings vergessen: Rudolf C. Eucken (1846–1926).

Dabei ist der Name Eucken in Ostfriesland keineswegs unbekannt. Manchem ist vielleicht der Chemiker Arnold Eucken ein Begriff oder die Sopranistin Ida Marie Eucken bekannt. Bekanntester Namensvertreter ist der Ökonom Walter Eucken, der als Vordenker der Sozialen Marktwirtschaft gefeiert wird. Rudolf Christoph Eucken hingegen, der Vater dieser drei, ist heute nur noch wenigen vertraut. Warum er sich sein ganzes Leben lang mit den großen Fragen nach dem Sinn und Wert des Lebens auseinandergesetzt hat, mag in seinen Kindertagen begründet liegen. Denn er kam als Spross eines Auricher Postmeisters zur Welt, der einst ein begüterter Landwirt war, dem jedoch eine Sturmflut sein Hab und Gut nahm und ihn dazu zwang, sein Leben völlig neu zu ordnen. Und noch vor seinem siebten Geburtstag verlor Rudolf Christoph sowohl Bruder als auch Vater und wurde fortan von seiner Mutter, einer Pastorentochter, aufgezogen, belehrt und verwöhnt.

Nach dem Gymnasium in Aurich ging er in ihrer Begleitung nach Göttingen und Berlin, um dort Philosophie und Altphilologie zu studieren. Einige Jahre lang wirkte er dann in verschiedenen Städten als Gymnasiallehrer, bevor er zunächst als Kollege von Friedrich Nietzsche an die Universität Basel und ab 1874 zum Professor für Philosophie an der Universität Jena berufen wurde. Zwar blieb er seiner ostfriesischen Heimat stets verbunden, dennoch wurde Jena zu seinem neuen Lebensmittelpunkt. Hier heiratete er 1882, zog seine drei Kinder in einem weltoffenen Umfeld auf und entwickelte in zahllosen Schriften den philosophischen Neu-Idealismus, als dessen Begründer er gilt. Aus heutiger Sicht mag sein Weltkonzept ein wenig spleenig erscheinen, doch um 1900 begegnete man seinen verständlich formulierten Gedanken weithin mit großem Interesse. Besonders in Schweden, aber auch in Großbritannien, den USA und sogar in Japan fanden seine Bücher große Anerkennung und man berief ihn sogar in die Schwedische Akademie der Wissenschaften. Eine große Ehre für seine Leistung, die 1908 mit dem Nobelpreis für Literatur gekrönt wurde.

„Aufgrund des ernsten Suchens nach Wahrheit, der durchdringenden Gedankenkraft und des Weitblicks, der Wärme und Kraft der Darstellung …“, hieß es in der Begründung. Und schon trafen die ersten Einladungen zu weltweiten Gast- und Austauschprofessuren ein. Unter den Gelehrten seiner Zeit galt Eucken zwar

Die Aufnahme des ostfriesischen Nobelpreisträgers entstand kurz nach der Verleihung 1908.

als Außenseiter und einige seiner Äußerungen, etwa zum Ersten Weltkrieg, sind durchaus kritisch zu betrachten. Dennoch machte er sich als Denker verdient, besonders weil er auf gewaltige Theoriegebilde verzichtete und praktisches Handeln forderte. Sätze wie „Freundschaft ist die Erweiterung des Lebens" entsprechen seiner gefällig vorgetragenen Theorie zur Rettung der Welt. Mit einer anderen Aussage bewies der ostfriesische Denker indes seine Weitsicht: „Geistiges Schaffen isoliert; nie ist ein großer Denker populär geworden." Ein merkwürdiger Satz, konnte sich der große Denker Eucken doch zeit seines Lebens durchaus einer gewissen Popularität erfreuen. Aber tatsächlich sollten seine Gedanken schon bald nach seinem Ableben dem Vergessen anheimfallen. Mehr noch, der Denker ging leibhaftig verloren. Zwar wurde sein Körper drei Tage nach seinem Tod eingeäschert und die Asche seiner Familie übergeben, doch seither ist er verschwunden. Es gibt weder Grab noch Gruft und das große Kreuz mit seinem Namen auf dem Auricher Friedhof ist lediglich ein Gedenkstein. Noch isolierter geht es kaum.

42 Wulken un Water
Poppe Folkerts

Da sind sich alle echten Seebären einig: Auf seiner Leinwand passt einfach alles! Da ist kein Segel, keine Rahe, kein Stander falsch gesetzt. Jede Welle, jeder Spritzer, jede Wolke fühlt sich echt an. Alles zeugt von großer seemännischer Sachkenntnis und Liebe zu den Elementen. Er war ein Dramatiker der Elemente: Poppe Folkerts (1875–1949).

Dramatisch war auch seine Kindheit, die er mit vier Geschwistern als Sohn eines Baumeisters erlebte. Zunächst erfuhr er auf Norderney eine unbeschwerte Zeit, dann verunglückte sein kleiner Bruder tödlich und die Familie zog auf das Festland, wo innerhalb weniger Monate seine Eltern verstarben. Als Vollwaisen kehrten die Kinder zurück auf die Insel, wo sie bei Verwandten lebten. Als 14-Jähriger ging Poppe bei einem Maler- und Glasermeister in die Lehre, wo er erste Einblicke in die Welt der Farben erhielt. 1894 machte er sich auf die obligatorische Wanderschaft, die ihn in die großen Städte und Kunstmetropolen seiner Zeit führte. Er begann zu skizzieren, besuchte Museen und Ausstellungen, studierte die Stile der bekanntesten Marinemaler. Auf seiner Heimatinsel wurden schon bald namhafte Kurgäste auf den jungen Maler und seine Seemotive aufmerksam, beauftragten ihn mit ersten Werken, ermutigten ihn und empfahlen ihn an die Kunsthochschule Berlin.

Schon sehen wir ihn bei bedeutenden Lehrern Studien nach der Natur malen, er übersprang sämtliche Vorklassen, wurde in einer Meisterklasse aufgenommen und durfte auf seiner Insel sogar eine erste Ausstellung zeigen. Mit weiteren Empfehlungen richtete er zudem ein Gesuch an die Reichsmarine, mit der Bitte, zwecks Studien an Bord eines Segelschulschiffes gehen zu dürfen. Seine Majestät geruhte zu genehmigen, sodass er mehrere Fahrten auf den großen Dreimast-Vollschiffen mit mehreren hundert Mann Besatzung erleben durfte. So gelangte er über England, Spanien, Italien bis nach Palästina, wobei er nebenher Prinz Adalbert von Preußen Zeichenunterricht erteilte. Seine riesigen Bilder beeindruckten. Es folgten Studienaufenthalte in verschiedenen Städten, er durfte neben anderen Künstlergrößen ausstellen und wurde in der Marinemalerei zum „Dramatiker ersten Ranges“ erhoben, bildete sich in Düsseldorf weiter, studierte, lebte und malte eine Weile in Paris. 1910 ließ Folkerts die Eiffelstadt hinter sich und wanderte von Dieppe die Kanalküste entlang bis etwa nach Norddeich, durchquerte das Watt und gelangte auf seine Heimatinsel, auf der er sich nun dauerhaft einrichtete.

Mit seinem eigenen Segelboot machte sich der malende Seemann auf, die Eindrücke seiner Heimat neu zu erleben. Bei Wind und Wetter fuhr er los, besuchte die Siel- und Fischerorte, beobachtete Stunde um Stunde das Watt, das Meer und den Himmel. Schließlich beschloss er, sich am Südwesthörn von Norderney ein Atelier zu errichten. Ab 1911 entstand sein ein-

Der Seemann und Impressionist in den 1930er-Jahren.

zigartiges Turmatelier mit Wohnhaus. Für den Künstler „der einzige Ort, von dem aus ich meine ganze Welt sehen kann: das Festland, die nächste Insel und das offene Meer". Nach seinem Dienst als Kriegsberichter im Ersten Weltkrieg zog er 1917 gemeinsam mit seiner Frau in den „Malerturm" ein. Vier Kinder kamen hier zur Welt, während zahllose Leinwände seine Eindrücke festhielten. Längst gilt Folkerts als Klassiker des Impressionismus, dessen Landschaften und Porträts ebenso beeindrucken wie seine Küsten- und Seebilder. Sein Werk umfasst hunderte Arbeiten, von denen einige im Museum von Norderney zu bewundern sind. Sie alle strahlen eine ungewöhnliche Authentizität aus und man ist sich sicher: „Wulken un Water, dat kann keeneen so good as Poppe Folkerts." Seine Grabstätte sucht man allerdings vergeblich, denn der beliebte Seemaler bekam abermals eine Sondergenehmigung – für ein Seemannsgrab auf Position N53 47,3, E07 01,0.

43 Kein stummer Hund
Johann Gerhard Behrens

Die SA-Leute, die den Stader Pastor misshandelt und durch die Stadt getrieben hatten, wurden freigesprochen. Der Landesbischof versagte dem regimekritischen Theologen die Unterstützung, man entzog ihm sogar sein Amt und sollte ihn auch später nicht rehabilitieren. Es ist bis heute ein dunkler Fleck in der ostfriesischen Kirchengeschichte: der Fall Johann Gerhard Behrens (1889–1979).

Zweifelsohne hat der im ostfriesischen Esens geborene Kaufmannssohn nie einen Hehl aus seiner Abneigung gegen das Nazi-Regime gemacht. Der Pastor, der nach seinem theologischen Examen und zahlreichen heimlichen Astronomie-Vorlesungen zunächst zwei Jahre an der Westfront kämpfte und sogar mit dem Eisernen Kreuz ausgezeichnet wurde, nahm kein Blatt vor den Mund. „Ein christlicher Neger ist mir lieber als ein ungläubiger Deutscher", soll er öffentlich gesagt und auch das Nazi-Propagandablatt „Der Stürmer" als „Schmutzblatt" betitelt haben. Eine Anzeige wegen staatsfeindlicher Einstellung ließ daher nicht lange auf sich warten. Dennoch fand Behrens, der Mitglied der „Bekennenden Kirche" war, immer wieder mutige Worte. Kurz vor dem Überfall auf ihn verkündete er von der Kanzel aus: „Das ist mein Beruf […] nicht, dass ich schweige wie ein stummer Hund, sondern dass ich meinen Mund auftue zur Bezeugung der Wahrheit." Zwar gingen die zunächst verurteilten Rädelsführer am Ende straffrei aus, dennoch schlug der Prozess um den von seiner Kirche geschassten Pastor hohe Wellen, die selbst in den höchsten Nazi-Ämtern wahrgenommen wurden.

Dass der Fall auch im Ausland Aufmerksamkeit erzeugte, bewahrte Behrens vermutlich vor weiterem Unheil. Im Ausland nämlich war er ob seiner mathematischen Begabung bekannt und schon seit 1933 als einziger Theologe Mitglied in der „Astronomischen Gesellschaft". Seine Spezialität war die Berechnung der Umlaufbahnen von Kometen und Asteroiden, eine wichtige Grundlage für die spätere Entwicklung der Satellitentechnik. Es hieß sogar, Mitarbeiter von Albert Einstein hätten vergeblich versucht, ihn

Gedenktafel am Geburtshaus von Johann Gerhard Behrens.

Blick auf den Marktplatz von Behrens' Geburtsort Esens.

zur Emigration in die USA zu bewegen. Und tatsächlich blieb er in lebhaftem Kontakt mit der NASA, die ihn bis 1972 immer wieder bat, ihre komplizierten Laufbahnberechnungen zu überprüfen.

Für die Kirche blieb er der „Fall Behrens". Die verantwortlichen Kirchenmänner zeigten weder Kreuz noch Rückgrat, rehabilitierten ihn natürlich nicht, sondern versetzten ihn. Große Ehre wurde dem couragierten Mathematiker und Theologen 1980 schließlich doch noch zuteil, als man den Kleinplaneten 1651 nach ihm benannte. Rastlos wie sein Namensgeber düst nun also ein wackerer Ostfriese durch den gestirnten Himmel.

44 Dor war ins mol …
Wilhelmine Siefkes

Sprache prägt unsere Identität und ist wichtigster Ausdruck und Trägerin der Kultur. In Ostfriesland ist es das ostfriesische Platt, das weit mehr ist als das urige „Moin" zu jeder Tageszeit. Und beschäftigt man sich mit oostfreesk Platt, begegnet einem unweigerlich eine der interessantesten Persönlichkeiten der Stadt Leer: Wilhelmine Siefkes (1890–1984).

Während ihrer Kindheit wurde die spätere Schriftstellerin besonders von ihrer Tante geprägt, die sich als Pastorenwitwe in Backemoor in der Armenhilfe engagierte. So lernte Wilhelmine Siefkes schon frühzeitig, sowohl die christlichen Pflichten als auch die Schönheit der ostfriesischen Natur zu schätzen. 1910 legte sie ihr Examen ab, um als Lehrerin zu arbeiten. Ihre erste Stelle erhielt sie in Jemgum im nördlichen Rheiderland, der bis heute kleinsten Gemeinde im Landkreis Leer. In dieser ländlichen Abgeschiedenheit, in der vorzugsweise nur Plattdüütsk gesprochen wurde, entwickelte sie nicht nur Verständnis für diese besondere Regionalsprache, sondern setzte sich zunehmend mit den Themen Religion und Kirche auseinander. Zu dieser Zeit entstanden auch ihre ersten schriftstellerischen Versuche.

Nach einer Zwischenstation in Fallersleben lehrte sie ab 1917 in Leer, wo sie über ihre Schulkinder die weithin herrschende materielle Not und Trübseligkeit in den Kreisen der Arbeiterschaft kennenlernte. Zeitgleich traf sie die führenden Sozialdemokraten Hermann Tempel und Louis Thelemann, war Mitherausgeberin der Wochenzeitung „Volksbote", engagierte sich in der Arbeiterwohlfahrt und gründete ein Jugendhaus, in dem Arbeiterkinder in aller Ruhe ihre Freizeit verbringen durften. In jenen frühen 1920er-Jahren, als die Heimatbewegung auch in Ostfriesland eine neue Blüte erfuhr, entdeckte Wilhelmine Siefkes das ostfriesische Platt für ihr Schreiben. Bis 1923 entstand ihre erste Märchensammlung „Dor war ins mol" (Da war einmal), mit der sie besonders bei plattdeutschen Leseveranstaltungen begeisterte und einige Bekanntheit erlangte. Außerdem sorgten ihr soziales Engagement, ihr politisches Interesse wie auch ihre heimatbezogenen Schriften dafür, dass sie 1928, als das noch völlig unüblich war, als Frau ins Stadtparlament von Leer gewählt wurde.

Mit der Machtergreifung der Nationalsozialisten sollte auch ihr Leben tiefgreifende Veränderungen erfahren. Sie wurde 1933 aus dem Schuldienst entlassen und mit einem Schreibverbot belegt, das sie jedoch unter dem Pseudonym Wilmke Anners umging. Und weil die meisten evangelischen Kirchenamtsträger nicht wagten, dem neuen Regime auch nur das Geringste entgegenzuhalten, trat sie aus der Kirche aus und wechselte zu den Mennoniten. 1941 erschien ihr anonym eingereichtes Werk „Keerlke", in dem sie auf Niederdeutsch das Schicksal eines Kindes im ärmsten Milieu Ostfrieslands schilderte. Das Buch erfuhr große Aner-

Die gerühmte Schriftstellerin und Ehrenbürgerin von Leer blieb bis ins hohe Alter aktiv.

kennung und wurde mit Preisen ausgezeichnet, sodass es unter ihrem Klarnamen veröffentlicht werden durfte. Bis heute gilt der Roman als Haupt- und Schlüsselwerk Siefkes, mit dem das ostfriesische Platt als Literatursprache Beachtung fand. Die beliebte Titelfigur ziert in Bronze gegossen seit 1985 den Innenhof des Leerer Rathauses. Eine entsprechende Tonfigur wird seit 1993 alle vier Jahre von der Stadt Leer als Wilhelmine-Siefkes-Preis überreicht, mit dem das unterschiedlichste Engagement für ostfriesische Themen und ostfriesisches Platt ausgezeichnet werden.

Ihre Arbeit als Lehrerin nahm sie nach dem Zweiten Weltkrieg nicht wieder auf, sondern widmete sich ganz dem Schreiben. Es entstanden weitere Romane und Erzählungen über die Probleme von Jugendlichen und Kindern, Gedichte, Aufsätze und Märchensammlungen sowie Hörspiele und eine vielbeachtete Biografie. Und es gilt bis heute: Wer Siefkes Bücher liest, der kann das Herz der ostfriesischen Kultur schlagen hören. Plattdeutsch ist in Ostfriesland viel mehr als eine Minderheitensprache, Plattdüütsk – dat is heel wat Besünners!

45 Sie nannten ihn „Cor“ Max Windmüller

Man muss die holländische Widerstandsgruppe Westerweel bewundern. Nicht nur, weil es ihr gelang, einigen hundert Juden die Flucht vor den Nationalsozialisten zu ermöglichen, sondern auch wegen der Tollkühnheit, mit der sich ihre Mitglieder in tödliche Gefahr begaben. Einer von ihnen stammte aus Emden: Max Windmüller (1920–1945), Deckname „Cor“.

Max war das dritte von fünf Kindern der jüdischen Familie Windmüller, deren Vorfahren schon seit Generationen in Ostfriesland lebten. Bis zu seinem 13. Geburtstag verbrachte der Junge eine unbeschwerte Kindheit, besuchte die jüdische Volksschule und machte mit seinen Freunden sein Heimatviertel unsicher. Als die Nationalsozialisten 1933 die Macht übernahmen, war es vorbei mit dem beschaulichen Leben, denn auch in Emden wurden die jüdischen Geschäfte boykottiert, SA-Trupps zogen terrorisierend durch die Straßen und untersagten dem Schlachter und Viehhändler Windmüller die Arbeit. Die Familie erkannte die Gefahr und floh nach Groningen. Dort schloss sich Max mit einem Bruder der Kinder- und Jugend-Alijah an, einer jüdischen Organisation, die junge Leute für die Auswanderung nach Palästina vorbereitete. 1939, er war schon an Bord eines Auswandererschiffes, überredeten ihn Freunde zum Bleiben. Er solle doch weiterhin für die Alijah-Organisation arbeiten.

Max Windmüller blieb. Auch als die neutralen Niederlande von Nazi-Deutschland überfallen wurden, auch als die dort lebenden Juden verfolgt, verhaftet und deportiert wurden. Er blieb, auch als seine Mutter sowie sein Bruder mit Frau und Kind nach Ausschwitz verschleppt wurden, wo man sie ermordete. Windmüller versteckte sich über ein Jahr lang auf Dachböden, dann schloss er sich der Widerstandsgruppe um Joop Westerweel an. Bald half er dabei, verfolgte Juden zu verstecken und bei der Flucht zu unterstützen. Im August 1942, der Gruppe war es gerade gelungen, eine 30-köpfige Jugendgruppe aus einem Heim zu retten, fiel Windmüller in die Hände der Gestapo. In einem Wäschewagen gelang ihm die Flucht. Von einer anderen Untergrundgruppe erhielt er gefälschte Papiere und hieß fortan Cornelius Andringa, genannt Cor. Unter diesem Decknamen organisierte er spektakuläre Fluchtwege über die Pyrenäen und durch Spanien. Es entstand ein regelrechtes Netzwerk aus Fluchthelfern, wobei er sich sogar als Anwerber für die deutsche Organisation Todt tarnte, die unter anderem den Atlantikwall errichtete. Auf diese Weise schleuste er untergetauchte Juden auf die Baustellen und weiter in die Freiheit. Benötigte Formulare, Stempel und Dokumente wurden ungeniert aus den Büros der SS entwendet.

Sie waren sich sicher: Dreistigkeit siegt! Sie gingen sogar so weit, dass Cor zeitweise mit einem Ausweis des SS-Sicherheitsdienstes unterwegs war. Mit besten

Der ostfriesische Widerstandskämpfer in jungen Jahren.

Papieren ausgestattet suchten sie ganz unverfroren die Kommandanturen der Wehrmacht auf und ließen sich Marschbefehle und Lebensmittelkarten, Zugfahrkarten und Hotelgutscheine ausstellen. Und wenn die Stimmung am Boden war, munterte Cor die Flüchtlinge mit heiteren Liedern wieder auf. Am 18. Juli 1944 wurden sie an die Gestapo verraten. Cor und einige andere wurden inhaftiert, verhört und gefoltert, bevor man sie in das KZ Buchenwald brachte. Einigen wenigen gelang die Flucht, Cor nicht. Kurz vor dem Eintreffen der amerikanischen Soldaten musste sich Windmüller mit rund 4.000 anderen Gefangenen auf einen sogenannten Todesmarsch begeben. Entkräftet und krank konnte er bald nicht mehr mithalten und wurde am 21. April 1945 am Wegesrand von einem SS-Mann von hinten erschossen. Die Résistance Française zeichnete den couragierten Ostfriesen mit einer Medaille aus und auch in Yad Vashem wird seiner gedacht. In Emden erinnern neben einem Stolperstein auch eine nach ihm benannte Straße, eine Gesellschaft sowie ein Gymnasium an den beherzten Sohn der Stadt, der ganz persönlich etwa hundert junge Juden in die Freiheit schleuste.

46 „Neddersen sien Ollste“
Ingrid Buck

Sie sind das Salz in der Suppe der Geschichte: Bräuche und Traditionen. Denn neben den großen Ereignissen sind es doch die kleinen Erscheinungen des Alltags, die den Gesellschaften und Kulturen ihren unvergleichlichen Stempel aufdrücken. Eine der bedeutendsten Persönlichkeiten, die sich über Jahrzehnte um die ostfriesische Volkskunde verdient gemacht hat, ist Ingrid Buck (1913–1996).

Ihre Begeisterung für die kleinen Alltäglichkeiten der Ostfriesen, sei es das Teetrinken, Schneidern und Nähen oder die Gepflogenheiten beim Hochzeits- oder Weihnachtsfest, wurde bei Ingrid Buck über Umwege hervorgerufen. Zunächst folgte die älteste Tochter des in und um Aurich sehr bekannten Arztes und Chirurgen Dr. Albrecht Neddersen dem ihr vorgegebenen Weg einer gutbürgerlichen Tochter: höhere Mädchenschule, Mädchenpensionat, Landfrauenschule. Da sie sehr sportlich war, schrieb sie sich 1935 in einer bekannten Sportschule in Hannover ein, um Sportpädagogin zu werden. Doch schon im ersten Jahr heiratete sie den Landgerichtsrat Ernst-August Buck und verschrieb sich ganz der Familie. Es folgten schwere Zeiten. Zunächst starb ihre älteste Tochter, dann erlag ihr Mann 1944 seinen Kriegsverletzungen, sodass sie die Nachkriegszeit als alleinstehende Witwe und alleinerziehende Mutter einer Tochter erlebte. Mit höherem Schulabschluss, aber ohne Berufsausbildung suchte sie einen Neuanfang, der ihr schließlich aufgrund der Bekanntheit ihres Vaters gelang.

Sie erhielt 1952 vom Regionalverband der Ostfriesischen Landschaft den Auftrag, den umfangreichen Nachlass einer sehr bekannten ostfriesischen Familie zu ordnen. Fortan war Ingrid Buck vom alltäglichen Leben der Menschen ihrer Heimat in Vergangenheit und Gegenwart fasziniert. Sie besuchte einen Lehrgang zur Heimatpflege, regte den Aufbau eines volkskundlichen Archivs für Ostfriesland an und arbeitete in der Arbeitsgruppe Volkskunde und Brauchtum, die von Pastor Jan van Dieken geleitet wurde. So erhielt sie im Sommer 1954 die Gelegenheit, die seinerzeit richtungsweisende Methodik der Volkskunde in den schwedischen Universitäten zu erleben. Nach deren Vorbild entwickelte sie eine Vielzahl von Fragebögen, mit denen sie bald über Land zog und die Bauernfamilien zu ihren Bräuchen und Festen, Kleidung und Ernährung, Arbeit, Wohnsituation und anderem interviewte. Hierbei öffneten sich ihr Türen und Tore durch den Umstand, dass man sie als „Neddersen sien Ollste“ wiedererkannte, als Dr. Neddersens älteste Tochter, die ihren Vater einst bei seinen ärztlichen Besuchen begleitet hatte.

Dank ihrer unermüdlichen Arbeit entstand ein riesiges Archiv aus Informationen und Sachgütern, das heute in verschiedenen ostfriesischen Museen verwahrt wird. 1968 übernahm sie von Pastor van Dieken die Leitung der Arbeitsgruppe und wurde zu seiner Nachfolgerin als

Ingrid Buck 1967 bei der Ausstellungseröffnung „Altes Gerät für Feuer und Licht".

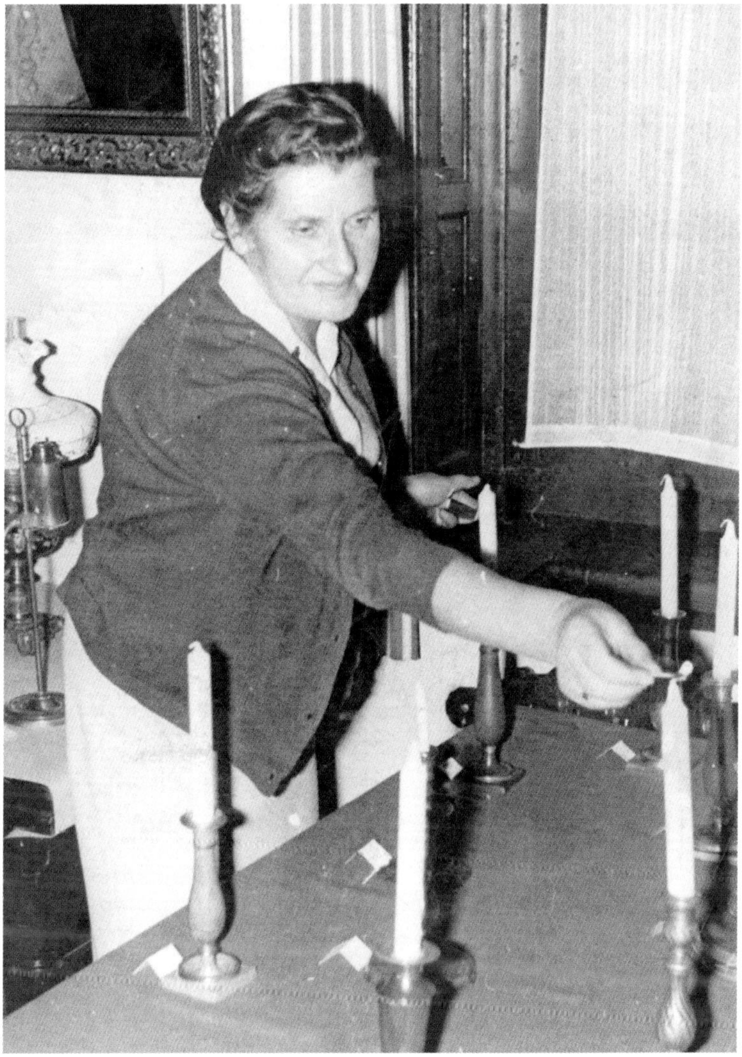

Landschaftsrätin gewählt, als erste und bis heute einzige Frau im Kollegium der Ostfriesischen Landschaft. Getreu ihrer Maxime „Die Themen der Volkskunde sind so zahlreich und vielfältig wie die Lebensbeziehungen der Menschen" führte sie ihre Forschungen fort, besuchte Tagungen, nahm an Fortbildungen teil. Außerdem hielt sie Vorträge und organisierte Ausstellungen, die von der Bevölkerung außerordentlich geschätzt wurden. Auch dem praktischen Brauchtum widmete sie sich intensiv, das sie bei den unterschiedlichsten Veranstaltungen von Osterfeuer und Boßelwettbewerb bis hin zu Martinisingen und Schlittschuhlaufen erforschte und dokumentierte. 1988 ging die autodidaktische Volkskundlerin nach 35 Jahren ehrenamtlichen Einsatzes für die kleinen Alltäglichkeiten der Ostfriesen in den Ruhestand. Bis heute wird Ingrid Buck für ihren ehrenamtlichen Eifer verehrt, der unter anderem die Grundlage für Ostfrieslands Frauengeschichte schuf.

47 Käsestulle und Hakenpflug

Wo die Hünen ruh'n

Butter, Brot und Käse: Was sich woanders zu einer ordentlichen Käsestulle formiert, gewährt nahe Aurich Einblicke in eine mehrere tausend Jahre alte Kultur. Die drei gewaltigen Steine, die Volkes Mund keck als „Botter, Brood un Kees" bezeichnet, sind nichts weniger als das älteste offen sichtbare Zeugnis, das Menschen in Ostfriesland hinterlassen haben.

Den historisch bewanderten Lesern mag die „nur" 5500-jährige Vergangenheit des Landstrichs, die durch die Grabanlage mit den Steinen dokumentiert wird, ein wenig merkwürdig erscheinen, weiß man doch, dass sich die Menschen schon weitaus länger im Lande aufhielten. Tatsächlich belegen archäologische Funde ihren Aufenthalt auf der Geest schon in der mittleren Steinzeit um 9000 vor Christus. Und sollten die unsteten Jäger und Sammler wirklich einmal im Gebiet der heutigen Marsch unterwegs gewesen sein, dann dürften ihre Spuren tief unter dem Schwemmland liegen, das sich in den folgenden Jahrtausenden aus dem Meer bildete.

Um die Neugier bezüglich der „Hünengräber" zu stillen, wurden schon im späten 18. Jahrhundert erste Grabungen durchgeführt. Eine wissenschaftliche Begutachtung des frühgeschichtlichen Großsteingrabes von Aurich fand schließlich in den Jahren 1962/63 statt. In den beiden Grabkammern fanden sich sogenannte Trichterbecher mit und ohne Henkel, dazu kleine Schalen und Flaschen mit den Erkennungsmerkmalen der Trichterbecherkultur. Die Ebenmäßigkeit der dünnen Wände, die noch per Hand geformt wur-

Für die Rekonstruktion der östlichen Grabkammer wurden fünf Tonnen schwere Findlinge bewegt.

den, sowie der fein ausgearbeitete Zierrat begeistern noch heute und künden von der Kunstfertigkeit der altvorderen Handwerker. Zudem wurden ganz in der Nähe der Grabanlage Reste eines Bohlenweges und eines hölzernen Scheibenrades für einen Karren geborgen.

Als ein Meilenstein der Landwirtschaft und beredtes Zeugnis der neolithischen Revolution gilt der „Pflug von Walle“, der bereits 1927 gefunden wurde. Aufmerksame Torfstecher bargen das hölzerne Ackergerät, das mithilfe der Radiokarbonmethode auf den Entstehungszeitraum 1940 bis 1510 vor Christus, also die frühe Bronzezeit datiert werden konnte. Eine Nachbildung dieses ältesten bekannten Pfluges Deutschlands und Kulturzeugnisses von europäischem Rang kann in Aurich besichtigt werden. Und wenn man schon da ist, sollte man nicht das „Großsteingrab-Diorama“ verpassen, in dem mit Bleifiguren der vermutete Bau einer solchen Anlage dargestellt wird.

48 „... wegen des örgels ...“ Orgellandschaft des Nordens

Wäre Wolfgang Amadeus Mozart nur einmal nach Ostfriesland gereist, um dem Spiel der hiesigen Organisten zu lauschen, er wäre vermutlich ein glühender Fan des windigen Nordens geworden. Denn das Wiener Musikgenie meinte 1777: Die „Orgel ist doch in meinen Augen und Ohren der König aller Instrumente“. Welche Freude hätte er wohl in Ostfriesland gehabt, das schon zu seiner Zeit eine der reichsten Orgelregionen der Welt war.

Naturgegeben kennt man sich an der Nordseeküste mit Wind aus. Nicht nur mit jenem brausenden Element, das die Wellen aufpeitscht, sondern auch mit jenen feinen Luftströmen, mit denen Orgelpfeifen angeblasen und himmlische Geräusche produziert werden. Doch obwohl Orgeln bereits seit der Antike erklingen und die markanten Pfeifentöne auch den fränkischen Hof Kaiser Karls beschallten, sollte der Siegeszug der gewichtigen Aerofone erst mit der Gotik starten. Als die Orgel immer häufiger als Begleitung des Gottesdienstes gestattet war, schwangen sich zunächst die Niederlande zum Zentrum des nordeuropäischen Orgelbaus auf. Ab etwa 1450, inzwischen hatte die Orgel als Hauptinstrument der christlichen Liturgie Karriere gemacht, übernahm Ostfriesland die Vorherrschaft in Sachen Pfeifen-, Wind- und Regierwerk.

Tatsächlich erlebte der Orgelbau unter dem ersten ostfriesischen Grafen Ulrich I. einen bemerkenswerten Aufbruch, von dem bis heute allein in der Krummhörn zehn Orgelwerke aus dem späten 15. Jahrhundert zeugen. Insgesamt können in Ostfriesland sogar mehr als 90 bedeutende Orgeln aus sechs Jahrhunderten bewundert werden. Die verschiedenen Orgelbauer, die in jenen Tagen die ostfriesischen Kirchen und Klöster mit gotischen Blockwerk-Instrumenten ausstatteten, waren die gefeierten Baukünstler ihrer Zeit. Namen wie Gerhard von Holy und Gerd Sieben Jannssen (beide Aurich), Edo Evers (Groningen) und die Brüder Slegel (Zwolle) lassen die Herzen von Orgelfachleuten bis heute Sprünge machen. Arp Schnitger (Hamburg) war der Superstar, mit dem die norddeutsche Barockorgel ihre Vollendung erfuhr. Seine zwischen 1686 und 1692 erbaute Orgel in der Ludgerikirche zu Norden ist mit 46 Registern und 3.110 Pfeifen auf fünf Werken und drei Klaviaturen ein echtes Kunstwerk, das historisch und musikalisch weltweit Bewunderer hat.

Ein weiterer Höhepunkt der internationalen Orgelgeschichte sorgt in der Kirche von Rysum für Begeisterung. In dem erhaben auf einer Rundwarft in der Krummhörn ruhenden Gotteshaus erbaute Meister Harmanus aus Groningen um das Jahr 1440 eine Orgel, die heute als eines der ältesten noch erhaltenen und bespielbaren Exemplare Nordeuropas gilt. Die Chronik der Friesen berichtet in dem Zusammenhang davon, wie die Rysumer Bauern ihre Orgel in Naturalien entlohnten. Denn für den Transport der zehn besten Rindviecher über die Ems

Die Barockorgel von Arp Schnitger in der Ludgerikirche zu Norden.

nach Groningen mussten sie bei ihrem Häuptling um Erlaubnis bitten, „wegen des örgels, datt se daer hadden maken laten". Ganz bestimmt, Wolfgang Amadé hätte die ostfriesische Orgelbegeisterung gefallen.

49 „Glück zu!“ Auf der Via Molina

Einst standen sie in jedem Dorf, dann übernahmen die Motoren und sie wurden aufgegeben und stillgelegt, brannten ab oder zerfielen, man entkernte sie oder riss sie einfach nieder. Andere wurden bewahrt, restauriert und saniert, umgestellt und neu aufgebaut. Was für ein Glück, denn so blieb Ostfriesland das Land der Windmühlen.

Die Idee, die Kraft des Windes, der stetig über die flachen Küstenländer streicht, einzufangen und in mechanische Kräfte umzuwandeln, ist weder ein neuer noch ein ostfriesischer Einfall. Die ersten von Wind angetriebenen Mahl- oder Pumpwerke dürften sich schon vor einigen tausend Jahren im Orient gedreht haben. Im Jahr 1424 wurde zu Esens erstmals eine ostfriesische Windmühle erwähnt. Auch die benachbarten Niederländer hatten das nützliche System aus Flügeln, beweglichen Achsen, Riemen und Rädern übernommen und entwickelten bis zum Ende des 16. Jahrhunderts die Holländer- bzw. Kappenwindmühle. Diese fortschrittlichste Entwicklungsstufe der klassischen Windfänger fand auch in Ostfriesland rasche Verbreitung. Bald war es kaum möglich, einen Landschaftsblick zu erhaschen, bei dem sich das Auge nicht an sich drehende Flügel heftete. So berichtet die Zeitschrift „Minerva“ im Jahr 1842: „In Ostfriesland giebt es keine Wasser-, sondern Windmühlen, so zahlreich, daß man von den Wällen zu Emden oft 27 zugleich in der Arbeit sieht.“ Eine Zählung des deutschen Kaiserreiches ergab 1895 insgesamt 18.362 Windmühlen, von denen allein 174 in Ostfriesland standen.

Das große Mühlensterben setzte mit dem Mühlengesetz von 1957 ein, mit dem die Müller und Mühlenbesitzer für die Aufgabe ihres Gewerkes belohnt werden sollten. Daraufhin ging in Ostfriesland gut die Hälfte dieser markanten Kulturzeugnisse für immer verloren, und der Beruf des Windmühlbauers wurde aus der Handwerkerrolle gestrichen. „Glück zu!“, so der Gruß der wandernden Müllerlehrlinge, ward fortan nicht mehr gehört. Aus den übrigen Mühlen entstanden Wohnhäuser und Ferienwohnungen, ein Laden, ein Fest- und Ausstellungssaal, sogar ein Standesamt wie auch ein Kindergarten sind unter den Neunutzungen. Liebevoll pflegen Mühlenvereine einige dieser technischen Dinosaurier, sodass sie besucht und besichtigt werden können. Ostfriesland ist zu Recht stolz auf seine großen Vierflügler, die sogar die Wappen von Großefehn, Jemgum und Holtriem zieren und als Motiv auf Bechern und Kacheln nach wie vor der Renner sind.

Außerdem haben sich in der Region einige Prachtexemplare erhalten, die das Herz eines jeden Molinologen höher schlagen lassen. Wie zum Beispiel die weithin höchste Mühle in Hage (30,2 Meter) und die höchste funktionierende Windmühle, die fünfstöckige Stiftsmühle in Aurich (29,95 Meter). „De Kaat“ in Riepster Hemmrich zählt dagegen deutschlandweit zu den kleinsten Wind-

Fotogene Zwillinge: Die rote Mühle von 1706 und die grüne Mühle von 1856.

mühlen (13,8 Meter). Die betriebsfähige Peldemühle in Wittmund von 1741 ist der älteste Galerieholländer in Norddeutschland und die Bockwindmühle von 1626 zu Dornum die älteste in Ostfriesland. Als echte Raritäten gelten die Doppelkolbenpumpmühle zu Wirdum und auch der Obendreher „Selden Rüst“ auf Norderney, die einzige Inselmühle des Landes. Und spätestens beim Anblick der bekanntesten ostfriesischen Mühlen, der Greetsieler Zwillingsmühlen, stellt sich beim Betrachter eine höchst malerische Stimmung ein. Eine Stimmung, so formulierte einst die Zeitschrift „Minerva“, „welche auf die Sinne und Gefühle eine magische Wirkung erzeugt, das Gemüth erheitert und das Herz erwärmt“. Keine Frage, dereinst werden die geflügelten Preziosen Ostfrieslands zu den Juwelen an der Via Molina gehören, der „Europäischen Kulturstraße der Mühlen“.

50 Ostfrieslands Rinne
Eine Straße für die Kähne

Die Hauptschlagader der ostfriesischen Halbinsel ist dem militärischen Kalkül der Preußen geschuldet und war ein Reinfall. Trotzdem fühlen sich in der 72,3 Kilometer langen Wasserführung Zander, Karpfen und schlängelige Aale genauso wohl wie Kanuten, Paddler und Freizeitkapitäne. Er ist weit mehr als eine Wasserstraße: der Ems-Jade-Kanal.

Es begann in den 1870er-Jahren, als die nationale Begeisterung durch die deutschen Lande schwappte und selbst in den entlegenen ostfriesischen Marschen für kulturtechnische Verbesserungsmaßnahmen sorgte. Melioration nannte man diese Vorgänge zur Be- oder Entwässerung, Eindeichung oder Urbarmachung von Ödland. In diesem Fall gab jedoch nicht der Wunsch nach besseren Lebensbedingungen, sondern die neue Heimat der Kriegsmarine in Wilhelmshaven den Anstoß. Um diese riesige Retortensiedlung mit direkter Anbindung an das Tiefenwasser der Außenjade vor allem mit Kohle versorgen zu können, musste eine Verbindung zum Seehafen Emden her. Die Pläne sahen vor, zunächst den Treckfahrtskanal oder „Treckschuitenfahrtskanal" („Schuiten": die von Pferden gezogenen Binnenschiffe) zwischen Emden und Aurich auszubauen und von Aurich bis an die Jade einen neuen Damm- oder Hochkanal zu errichten.

Von 1880 bis 1888 waren an dem Projekt zeitweise 6.000 bis 7.000 Arbeiter beschäftigt, die für ihre Knochenarbeit an Spitzhacke und Spaten, Karren und Lore etwa drei Reichsmark Tageslohn erhielten. Schließlich stand die Verbindung. Sechs Schleusen, 15 feste und 26 bewegliche Klapp- und Drehbrücken nahmen ihre Aufgaben wahr, sogar Aurich erhielt einen

Ringkanal und ein wenig maritime Grazie, Emden bekam eine Kanalisation, und die zentralen Hochmoore konnten für ehrgeizige Urbanisierungspläne entwässert werden. Stolz, wie man war, lud man zur Einweihung sogar den Reichskanzler Otto von Bismarck, doch der soll mit den Worten abgelehnt haben: „Wegen einer solchen Kuhrinne begebe ich mich doch nicht ins unwirtliche Ostfriesland."

Nicht sehr schmeichelhaft, aber auch ohne die Gunst des Eisernen Kanzlers befuhren bereits im ersten Jahr über tausend Lastkähne die neue Wasserstraße. Allerdings kam auf diesem Weg nie Ruhrkohle zu den Schlachtschiffen des Kaisers, da der Transportweg für die großen Frachtschiffe einfach zu flach war. So gesehen eine kolossale Fehlinvestition, über die sich heute alljährlich Tausende Ausflugs-, Sport- und Paddelbootführer freuen, die den Kanal zwischen Mai und September bevölkern.

Idyllischer Blick auf den Ems-Jade-Kanal.

51 Dora Anton Nordpol
Norddeich Radio

Weit verstreut auf den sieben Weltmeeren gingen deutsche Seeleute ihrem harten, oft gefährlichen Beruf nach. Doch egal ob sie sich gerade in der Karibik oder am stürmischen Kap Hoorn befanden, wenn aus den Lautsprechern die Worte „Hier ist Norddeich Radio" erklangen, kam selbst bei den erfahrensten Seebären Heimweh auf. Das drahtlose Band in die Heimat funkt bereits seit 1907.

Nach hergebrachtem Seemannsgarn eilte Kaiser Wilhelm II. im Jahr 1905 an Bord der „Hamburg" gen Heimat, als ihn in der Deutschen Bucht das Bedürfnis überkam, seiner Gattin seine Heimkehr per drahtloser Telegrafie und Telegramm anzukündigen. Doch der Funker auf Borkum, der an einem Konkurrenzmodell des kaiserlichen Telefunkengerätes saß, lehnte das Ansinnen vehement ab. Ihro Majestät war empört, funkte über Holland und befahl der Deutschen Reichspost den Bau der Küstenfunkstation Norddeich Radio. Vermutlich war es ganz anders und die Planungen der kaiserlichen Marine für eine eigene Funkstelle wurden bereits seit 1902 betrieben. Die Telefunken-Gesellschaft übernahm die Bauarbeiten der Sende- und Empfangsstation, die bei ersten Versuchen bereits 600 Kilometer weit funken konnte. Am 1. Mai 1907 ging die Station unter dem offiziellen Rufnamen Dora Anton Nordpol in Betrieb.

Neben den Kriegsschiffen wurde der Funkverkehr bald auch mit der Handelsmarine durchgeführt, die die Morsezeichen des Knallfunksenders aus Norddeich noch in 1.600 Kilometer Entfernung aufnehmen konnte. Die Bedeutung der Telegrafie nahm stetig zu, besonders während der beiden Weltkriege, sodass die Entwicklung stetig vorangetrieben wurde. Bereits 1913 konnten Meldungen in bis zu 5.000 Kilometer Entfernung gesendet werden, 1921 bereits bis zu 6.000 Kilometer. Norddeich Radio entwickelte sich zu einer strategisch bedeutsamen Anlage für Seekriegskoordination und Propagandasendungen. Dennoch gab es keinerlei Versuche, die Funkstelle anzugreifen, da sie in Kriegszeiten stets wertvolle Informationen über die Standorte der deutschen Flotte abgab. Nach dem Krieg blieb die Anlage bestehen und wurde modernisiert und ausgebaut, da man die Bedeutung für

Zur Funkstelle gehörten die Zentrale und Empfangsfunkstelle Utlandshörn …

… sowie die mächtigen Masten der Sendefunkstelle Osterloog.

die Sicherheit im zunehmenden Schiffsverkehr erkannte.

Neben den Wettermeldungen, dem Zeitzeichen und dramatischen Beteiligungen bei Seenotfällen wurde die Sendung „Gruß an Bord“ zu einem weltweit bekannten Markenzeichen von Norddeich Radio. Erstmals an Heiligabend 1953 ausgestrahlt, bot die Sendung eine einzigartige Verbindung zwischen den Seeleuten auf See oder in fernen Häfen und den Angehörigen und Freunden unterm heimatlichen Tannenbaum. In vielen Familien in Ostfriesland und weit darüber hinaus entwickelte sich diese Weihnachtssendung zu einem festen Bestandteil von Heiligabend. Erst wenn der fernste Matrose seine Heimatgrüße übermittelt und die bekümmertste Mutter ihre Wünsche gesandt hatte, gab es die Bescherung. Satellitentechnik und Internet haben den bekanntesten Küstenfunksender aus Norddeich längst in den Ruhestand befördert. Der letzte Funkspruch wurde am 31. Dezember 1998 in die Welt geschickt: „This is Norddeich Radio. Goodbye, goodbye forever. Over and out.“ Seither kümmern sich gleich zwei Museen in Dornum (Nessel) und Norden (Osterstraße) darum, dass die einstige Bedeutung von Dora Anton Nordpol nicht in Vergessenheit gerät.

52 Ein Rund für's Niveau
Kesselschleuse Emden

Ein Blick auf den Stadtplan macht deutlich: Emden ist eine Stadt des Wassers. Nicht nur aufgrund von Emsmündung und Dollart, sondern auch weil sie von einem rund 150 Kilometer langen Kanalnetz durchzogen wird. Das Herzstück sämtlicher Wasserwege und ein Meilenstein der Ingenieurskunst wurde im Februar 1887 in Betrieb genommen: die Rundkammerschleuse.

Schleusen, mit denen man Höhenunterschiede auf Wasserstraßen überwindet, gibt es viele. Allein bei einer Durchfahrt des Ems-Jade-Kanals muss man sich sechs Mal einem solchen Verkehrswasserbauwerk anvertrauen. Die Kesselschleuse am östlichen Ende der Emder Stadtbefestigung zeichnet sich wegen ihres Grundrisses schon aus der Möwenperspektive im Stadtplan als eine Besonderheit aus: Die zentrale Schleusenkammer ist rund! Tatsächlich gilt diese eigentümliche Konstruktion als einzige Rundkammerschleuse Europas. Sie bedient heute gleich vier Wasserstraßen.

Das Bauwerk entstand bei der Fertigstellung des Ems-Jade-Kanals, der hier an das Rote Siel und damit den Stadthafen angebunden wurde. Da man ein großes Verkehrsaufkommen erwartete, entschied man sich für einen Rundbau mit 33 Metern Durchmesser, der das Schleusen mehrerer Schiffe gleichzeitig erlaubt. Der Ausgleich der ursprünglich nur zwei Kammern wurde durch das Öffnen und Schließen entsprechender Schieber geregelt, die von den Schleusenwärtern und deren Schleusenknechten per Muskelkraft bedient wurden. Wärter und Knechte lebten in eigens errichteten Häusern direkt neben ihrem Arbeitsplatz.

Kurz nach der Jahrhundertwende war die Schleusenkapazität allerdings erschöpft. Der Umbau – der Neubau hatte nur zehn Monate gedauert – erfolgte von 1911 bis 1913, bis die heutige Form mit vier Kammern fertig war. Nun waren sowohl das Rote Siel und der Ems-Jade-Kanal als auch der Emder Stadtgraben und das Fehntjer Tief miteinander verbunden. Bis heute ist die Kesselschleuse ein wichtiger Kreuzungs- und Knotenpunkt im Netz der ostfriesischen Wasserstraßen. Neben der Entwässerung der Region Aurich über den Ems-Jade-Kanal sorgt sie dafür, dass jährlich etwa 2.800 Schiffe, zumeist Sportboote, das richtige Niveau erlangen, seit etwa 1970 sogar elektrisch. Bei einer Hafen- oder Grachtenfahrt lässt sich das Schleusenwerk in jeder Hinsicht niveauvoll begutachten.

Die Bilder zeigen die Kesselschleuse während der umfangreichen Umbauarbeiten um 1912 (unten) sowie 1940 (oben).

53 Als Max und Moritz flogen
Countdown auf Borkum

Im „Dykhaus“ der Insel Borkum dreht sich alles um das Inselleben und Seefahrt, Walfang und Seenotrettung. Höhepunkte der Ausstellung sind ein 15 Meter langes Walskelett, ein Rettungsboot und ein merkwürdiger weißer, etwa 160 Zentimeter hoher Zylinder mit schwarzen Quadraten. Es handelt sich um den Nachbau einer Rakete, mit der in Borkum Raumfahrtgeschichte geschrieben wurde.

Was im Dezember 1934 auf der schönen Aussichtsdüne Steerenk-Klipp in Sichtweite des alten Seezeichens Ostbake vor sich ging, unterlag strengster Geheimhaltung. Niemand der anwesenden Techniker aus Kummersdorf bei Potsdam und der etwa 60 involvierten Borkumer durfte über das Experiment mit einem „Rauchspurgerät“ ein Sterbenswörtchen verlieren, etwas notieren oder gar Fotos machen, dafür hatten sie unterschrieben. Leitender Ingenieur der Heimlichkeiten war Wernher von Braun, jener deutsche, später US-amerikanische Pionier der Raketentechnik und Raumfahrt. Und er war mit den ostfriesischen Inseln durchaus vertraut, hatte er doch auf Spiekeroog sein Abitur abgelegt. Klug, wie er war, schon vorzeitig, mit 18 Jahren. Seither hatte er fleißig Maschinenbau und Physik studiert, um seinem Jugendtraum von Reisen ins All realisieren zu können. Nun war er erneut nach Ostfriesland gekommen, um auf dem Militärgelände auf Borkum zu testen, was er und seine Kollegen bei der Heeresversuchsanstalt Kummersdorf ertüftelt hatten.

Die zwölf Meter hohe Abschussanlage steht, die elektrischen Schaltungen funktionieren, alle Bewohner des Ostlandes sind verscheucht und auch das Wetter spielt endlich mit. Die beiden „Aggregate II“ sind startklar. 1,61 Meter hoch, 31,4 Zentimeter stark, über 100 Kilogramm schwer und mit rund 35 Kilogramm Treibstoff gefüllt stehen die beiden „A2“-Raketen bereit, um als „Max“ und „Moritz“ die Wissenschaft zu beflügeln. Von Braun hat sie nach den beiden Lausbuben von Wilhelm Busch benannt, der ein großer Borkumliebhaber war. Am Nachmittag des 19. Dezember 1934 fliegt zunächst „Max“ gen Himmel. Das Gemisch aus Alkohol und flüssigem Sauerstoff treibt die Konstruktion 16 Sekunden lang empor. Das Gerät erreicht eine Höhe von etwa 1.700 Metern, es fliegt immer weiter, knackt die Zwei-Kilometer-Höhen-Marke, trudelt, flattert, überschlägt sich und stürzt ab. Am nächsten Morgen, genau 12 Minuten nach Sonnenaufgang, startet „Moritz“ von derselben Stelle. Diesmal soll sich ein zentral montierter Kreisel bewähren, der dem Aggregat auch bei starkem Seewind Stabilität verleiht, so die Theorie. Es gelingt. Die Rakete steigt souverän empor, passiert eine Starkwindschicht, fliegt stabil weiter bis zum Brennschluss und … verschwindet! Wernher von Braun stürzt sich persönlich in die eiskalten Fluten, um wenigstens einige Fragmente zu bergen. Es dauert, doch schließlich

Das Inselmuseum des Heimatvereins Borkum birgt so manche Überraschung.

werden die Überreste im Schlick gefunden. „Moritz“ hat ebenfalls die Höhe von 2.200 Metern, nach neueren Erkenntnissen sogar 3.500 Metern, erreicht.

Ein riesiger Erfolg für die Ingenieure, die damit die Möglichkeiten von Flüssigkeitsraketen aufgezeigt haben. Die zwei Versuche auf Borkum waren der entscheidende Grundstein für die weltweite Entwicklung von Raketen und Raumfahrt. Binnen Kurzem fand der Aufbau der neuen Versuchsanstalt in Peenemünde statt, wo in rascher Folge stärkere und größere „Aggregate“ entwickelt und getestet wurden. Sie wurden später als Vergeltungswaffe „V2“ bei der Bombardierung Großbritanniens eingesetzt. Nach dem Krieg war von Braun in den USA maßgeblich am „Saturn“-Raketenprogramm der NASA beteiligt, mit dem dann die ersten Astronauten ins All flogen. „Max und Moritz hatten mir … zum Durchbruch verholfen“, meinte von Braun später, und zwar in Ostfriesland.

54 Land unter im „Zweistromland"
Mit Stahl gegen Wind und Wasser

Um das Meer in die Schranken zu weisen, waren über tausend Jahre Deiche die probatesten Mittel. In den ostfriesischen Flussniederungen jedoch blieben Überschwemmungen bis ins 20. Jahrhundert hinein alljährliche Ereignisse. Erst mit gewaltigen Konstruktionen ließen sich die wiederkehrenden Verheerungen abwenden: mit den Sperrwerken von Leda und Ems.

Der etwa 35.000 Hektar große Niederungsbereich der beiden Flüsse Leda und Jümme, die bei Leer in die Ems münden, war zu Beginn des 20. Jahrhunderts nur unzureichend geschützt. Die verhältnismäßig niedrigen Deiche konnten die hoch auflaufenden Fluten kaum abhalten. Im landwirtschaftlich genutzten „Zweistromland" hieß es im Winter und Frühjahr daher regelmäßig und wochenlang Land unter. Häufig auch bei sommerlichen Sturmfluten. Die Verluste und Schäden waren immens. Selbst die vom Wind abhängigen Wasserschöpfmühlen brachten keine wirkliche Entlastung. Eine Erhöhung und Verstärkung der Deiche bot angesichts der zu erwartenden technischen und finanziellen Probleme ebenfalls keine Lösung. Und so wurden weitere Überlegungen angestellt, wie man das Land schützen könnte. Um die Leda gegen das weite Eindringen der Fluten abzusichern, fanden in den 1930er-Jahren in der Versuchsanstalt für Wasser-, Erd- und Schiffbau in Berlin erste Modellversuche statt, bei denen man die Möglichkeiten eines Sperrwerks prüfte.

Vom Krieg unterbrochen, wurden die Arbeiten ab 1948 vom neu gegründeten Leda-Jümme-Verband fortgesetzt, der sich bis heute um den Ausbau des Hochwasserschutzes kümmert. Im Herbst 1950 begannen dic Bauarbeiten für das Tidesperrwerk an der Leda. Das 94 Meter lange Schützenwehr mit fünf je 14 Meter breiten Öffnungen und 50 Tonnen schweren Toren wurde auf dem Trockenen gebaut. Es entstand in einem Leda-Bogen, der erst nach

Aus der Luft lassen sich die fünf 50 Tonnen schweren Tore des Ledasperrwerkes erkennen.

der Fertigstellung durchstochen und zum Fluss wurde. Am 29. Juli 1954 konnte das „Schlüsselbauwerk für die Wasserwirtschaft“ in Betrieb gehen. Keinen Moment zu früh, denn schon am 22. Dezember 1954 musste es sich einer stattlichen Sturmflut (4,59 Meter über Normalhöhennull) entgegenstemmen. Weitere Maßnahmen sorgten für zusätzliche Entlastung. So der Leda-Polder, ein gewaltiges Rückhaltebecken mit einer Fläche von rund 135 Hektar und einem Stauraum von etwa 3,2 Millionen Kubikmetern, der auch Laien erahnen lässt, welche Wassermassen sich hier bewegen. Gesamtkosten: 14,5 Millionen D-Mark.

Um den natürlichen Gang der Tide nicht zu stören, sind die Tore zumeist geöffnet. Erst wenn ein Tidehochwasser von 50 Zentimetern über Normal angekündigt wird und diverse Pegelstände alarmierende Wasserstände melden, werden die gewaltigen Tore geschlossen, was seit der Inbetriebnahme etwa 8.000 Mal geschehen ist. Ein weiteres Megaprojekt konnte im Jahr 2002 fertiggestellt werden. Das Emssperrwerk nimmt dem kleineren Vorgänger an der Leda seither die meiste Arbeit ab, da es sich bereits bei Hochwasser von 3,7 Metern über NHN schließt. Der 476 Meter lange Koloss mit sieben Durchflussöffnungen dient jedoch nicht nur dem Sturmflutschutz im „Zweistromland“, sondern ermöglicht auch das Aufstauen der Ems, damit die großen Schiffe der Meyer-Werft in Papenburg bei der Überführung in die Nordsee genügend Wasser unterm Kiel haben. Eine kleine Radtour zum Leda-Sperrwerk und eine Führung durch Europas modernstes Sperrwerk an der Ems sollte sich kein Besucher Ostfrieslands entgehen lassen.

55 Kinderschreck und Himmelsschutz
Die Flieger von Wittmundhafen

Es sind typische Kindheitserinnerungen der 70er- und 80er-Jahre. Man gab sich ganz unbedarft dem Spiel hin, als plötzlich und aus heiterem Himmel ein infernalisches Jaulen, Sausen und Donnergrollen die Erde zum Beben brachte. War der Schreck verdaut, erklärte man uns, dass die tollen „Phantom"-Flieger schließlich auch üben müssen. Sie starteten auf dem NATO-Flugplatz Wittmundhafen.

Wir schreiben das Jahr 1916, als mitten im Ersten Weltkrieg modernste Technik nach Ostfriesland gelangt. Die Heeresleitung hat kurzerhand ein Gelände nahe Wittmund für den Bau eines Luftschiffhafens bestimmt. Nach kurzer Bauzeit konnte der Flugbetrieb aufgenommen werden, auch wenn die Jungfernlandung mit Heeresluftschiff LZ 90 in einem Desaster endete. Da die Heeresluftschifffahrt bereits im Frühjahr 1917 aufgegeben wurde und die kaiserlichen Seestreitkräfte den Landeplatz übernahmen, erhielt das Gelände ganz in der Marinetradition von Wilhelmshaven und Cuxhaven den Namen Wittmundhaven. Bis zum Ende des Krieges gingen von hier aus zahlreiche Luftschiffe auf Feindfahrt, danach wurde das Areal wieder landwirtschaftlich genutzt. Bis 1938, als auf den Feldern drei Startbahnen für Militärflugzeuge entstanden. Wittmundhafen, wie der neue Fliegerhorst nun hieß, war bis zu einem Bombenangriff im März 1945 in Dienst. Wieder wurden die Rollbahnen zu Ackerflächen.

Bis 1950, als die Royal Air Force die Bauarbeiten für eine moderne Luftwaffenbasis und eine über 2.000 Meter lange Start- und Landepiste aufnahm. Im Frühjahr 1963 zog das ehemalige Jagdgeschwader 71 der Bundesluftwaffe, heute Taktisches Luftwaffengeschwader 71 „Richthofen", in der Kaserne am Stadtrand ein. Der Traditionsname nach dem berühmtesten Jagdflieger des Ersten Weltkriegs Freiherr Manfred von Richthofen war bereits zuvor angenommen worden und wurde mit geschwungenem rotem „R" und NATO-Stern zum weithin bekannten Erkennungszeichen. Bald dröhnten die ersten kanadischen „F 86 Sabre" und auch „F 104 Starfighter" über die ostfriesische Idylle und sorgten für jede Menge Aufregung, Streit und Klagen. Andererseits sorgten die Jungs mit

Eine ausrangierte F-86 Sabre JA-112 vor dem Stabsgebäude des Jagdgeschwaders 71 „Richthofen".

Die in Wittmund stationierten Eurofighter stellen eine „Alarmrotte" zur Absicherung des Luftraumes.

dem roten „R" neben dem ökonomischen auch für einen konkreteren Wirtschaftsboom, weil sich die Zahl der Gaststätten in der Umgebung in kurzer Zeit von ursprünglich fünf auf 16 erhöhte. Und das weibliche Interesse an den „Richthofern" führte manches Mal zu Raufereien und nicht seltener zu Hochzeiten.

Im August 1973 landeten die ersten „F-4F Phantom II" und verursachten Schock und Schreck beim Kinderspiel. Zum heutigen TaktLwG 71 „R" zählen rund 1.100 Soldaten und Zivilisten, die stets als Alarmrotte in Bereitschaft stehen. Sie sind mit ihren Eurofightern nicht nur am ostfriesischen Himmel für Sicherheit zuständig, besonders wenn der Papst, ein ausländischer Präsident oder Weltmeisterfußballmannschaften unterwegs sind. Und Kinder beim Spielen erschrecken, das machen sie nur noch selten. Die dürfen heute in Wittmund in einem Zeppelinklettergerüst toben und das Zeppelin- und Fliegermuseum dahinter besuchen. Wer sich für die ostfriesische Fliegerei interessiert, ist hier genau richtig. Mit tollen Modellen werden hier seit 2015 die Geschichten von fliegenden, fahrenden und schwimmenden Maschinen aller Art erzählt.

Der Autor

Matthias Rickling

Matthias Rickling arbeitet als freier Autor und hat in der Vergangenheit eine Vielzahl von regionalgeschichtlichen Titeln veröffentlicht. Überdies verfasste er kurzweilige Erinnerungsbücher, Freizeitführer und Sagen-Sammlungen. Zudem lieferte er Beiträge und Konzepte für historische Ausstellungen und Dokumentationen. Aufgewachsen im Osnabrücker Land lebt der Historiker heute im ostwestfälischen Büren. Seine ganz persönliche Beziehung zu Ostfriesland ergibt sich aus unendlichen Sommertagen am Großen Meer und den Umstand, dass seine Großeltern in Aurich lebten (siehe Kap. 24).

Bildnachweis

Shutterstock/travelpeter: Einband vorne; Shutterstock/Jane Be. The Picture: Vorsatz; Shutterstock/jopelka: S. 2/3; Shutterstock/Sakda tiew: S. 6; Shutterstock/suehling: S. 7; Matthias Rickling: S. 9, 11, 13, 27, 66, 67, 100/101, 105; Shutterstock/sweasy: S. 15; Shutterstock/David Esser: S. 16/17; Sammlung Matthias Rickling: S. 19/20, 21, 22/23, 108, 109; By User:Matthias Süßen - Own work, CC BY 3.0, https://commons.wikimedia.org/w/index.php?curid=20223302: S. 25; Shutterstock/Juergen Wackenhut: S. 29; By Matthias Süßen - Own work, CC BY-SA 4.0, https://commons.wikimedia.org/w/index.php?curid=95350888: S. 31; Shutterstock/Anja B. Schaefer: S. 32/33; By Bjur456 - Own work, CC BY-SA 3.0, https://commons.wikimedia.org/w/index.php?curid=16459016: S. 35; By Hajotthu, CC BY-SA 3.0, https://commons.wikimedia.org/w/index.php?curid=80423343: S. 36/37; By Michael Groß - Own work, CC BY-SA 4.0, https://commons.wikimedia.org/w/index.php?curid=79070401: S. 38/39; By Unukorno - Own work, CC BY 3.0, https://commons.wikimedia.org/w/index.php?curid=41568077: S. 41; Niedersächsisches Institut für historische Küstenforschung, Wilhelmshaven, Rolf Kiepe: S. 43; Von User:Matthias Süßen - Eigenes Werk, CC BY-SA 3.0, https://commons.wikimedia.org/w/index.php?curid=38534573: S. 45; Gemeinde Friedeburg: S. 47; Shutterstock/Majonit: S. 48; StadtA-LER, Sam003, Nr. 00001: S. 49; Shutterstock/Harald Lueder: S. 51, Einband hinten (links oben); Von Alchemist-hp (talk) - Eigenes Werk, CC BY-SA 3.0, https://commons.wikimedia.org/w/index.php?curid=26878482: S. 53; By Thomas Schreiber - Ostfriesisches Teemuseum Norden, CC BY-SA 4.0, https://commons.wikimedia.org/w/index.php?curid=39553379: S. 55; Philomon Adelsheim, gemeinfrei, https://commons.wikimedia.org/w/index.php?curid=9033121: S. 57; By Feisthammel - Own work, CC0, https://commons.wikimedia.org/w/index.php?curid=65133566: S. 59; Shutterstock/bluecrayola: S. 61; Shutterstock/Heidi Bollich: S. 63; © August-Gottschalk-Haus: S. 64, 65; Ostfriesisches Landesmuseum Emden, Foto: Martinus Ekkenga: S. 69; By Anaconda74 - Own work, CC0, https://commons.wikimedia.org/w/index.php?curid=70886294: S. 71; By Z thomas - Own work, CC BY-SA 4.0, https://commons.wikimedia.org/w/index.php?curid=78753120: S. 73, Einband hinten (rechts); By Hendrik Hondius I - Herzog August Library, Public Domain, https://commons.wikimedia.org/w/index.php?curid=594674: S. 75; By 4028mdk09 - Own work, CC BY-SA 3.0, https://commons.wikimedia.org/w/index.php?curid=8384855: S. 77 links; By Columbus - Own work, CC BY-SA 3.0, https://commons.wikimedia.org/w/index.php?curid=8727295: S. 77 rechts; By Matthäus Merian - Self-scanned, Public Domain, https://commons.wikimedia.org/w/index.php?curid=73577046: S. 79; By Matthias Süßen - Own work, CC BY-SA 4.0, https://commons.wikimedia.org/w/index.php?curid=95350723: S. 81; By Sabine Hinrichs - Own work, CC BY-SA 4.0, https://commons.wikimedia.org/w/index.php?curid=51633322: S. 83; By artwork: unknown; file James Steakley - Hubert Kennedy, Karl Heinrich Ulrichs: Pioneer of the Modern Gay Movement, 2nd ed. (Concord, Calif.: Peremptory Publications, 2005), frontispiece., Public Domain, https://commons.

Bildnachweis

wikimedia.org/w/index.php?curid=8253239: S. 85; By Wanda von Debschitz-Kunowski (1870-1935) - Unsere Zeit in 77 Frauenbildnissen, Niels Kampmann Verlag, um 1930, Public Domain, https://commons.wikimedia.org/w/index.php?curid=76634131: S. 86; By User:Matthias Süßen - Own work, CC BY 3.0, https://commons.wikimedia.org/w/index.php?curid=26216932: S. 87; Library of Congress, Prints & Photographs Division, [reproduction number, e.g., LC-B2-1234], gemeinfrei, https://commons.wikimedia.org/w/index.php?curid=66831792: S. 89; © Poppe-Folkerts-Stiftung: S. 91; Von Esenser - Eigenes Werk, Gemeinfrei, https://commons.wikimedia.org/w/index.php?curid=4400794: S. 92; Shutterstock/SSKH-Pictures: S. 93; StadtA-LER, Sam003, Nr. 00401: S. 95; Fotoalbum Max Windmüller 1933-1939, Stadtarchiv Emden: S. 97; Frauengeschichts- und Postkartenarchiv, Historisches Museum Aurich: S. 99; © Thiemo Janssen: S. 103; Shutterstock/Wirestock Creators: S. 106/107; Bundesanstalt für Wasserbau, Copyright: Creative Commons Attribution 4.0 International License http://creativecommons.org/licenses/by/4.0/: S. 111, Einband hinten (links unten); By User:Matthias Süßen - Own work, CC BY-SA 3.0, https://commons.wikimedia.org/w/index.php?curid=42815791: S. 113; By Bin im Garten - Own work, CC BY-SA 3.0, https://commons.wikimedia.org/w/index.php?curid=15294584: S. 114/115; By Jerry Gunner from Lincoln, UK - Canadair CL.13 Sabre, gate guard at "Richtofen" Kaserne, Wittmund, GermanyUploaded by tm, CC BY 2.0, https://commons.wikimedia.org/w/index.php?curid=24979749: S. 116; By Jerry Gunner - Flickr: Hungarian AF MiG-29UB, CC BY 2.0, https://commons.wikimedia.org/w/index.php?curid=14834046: S. 117; © NW: S. 118; Shutterstock/Tom Cloverfield: Nachsatz.

Impressum
Sutton Verlag GmbH
Schweickhardtstraße 1
72072 Tübingen
www.suttonverlag.de

ISBN: 978-3-96303-413-8
Printed in Poland by CGS
Gestaltung und Herstellung: Sutton Verlag
Lektorat: Matthias Kunstmann, Karlsruhe

In diesem Buch wird aus Gründen der besseren Lesbarkeit das generische Maskulinum verwendet. Weibliche und anderweitige Geschlechteridentitäten werden dabei ausdrücklich mitgemeint, soweit es für die Aussage erforderlich ist.

Ebenfalls erhältlich ...

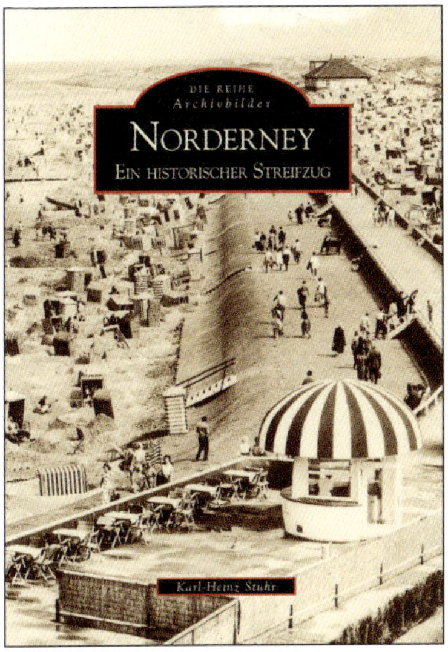

ISBN 978-3-86680-836-2

ISBN 978-3-89702-162-4

Ebenfalls erhältlich ...

ISBN 978-3-89702-680-3

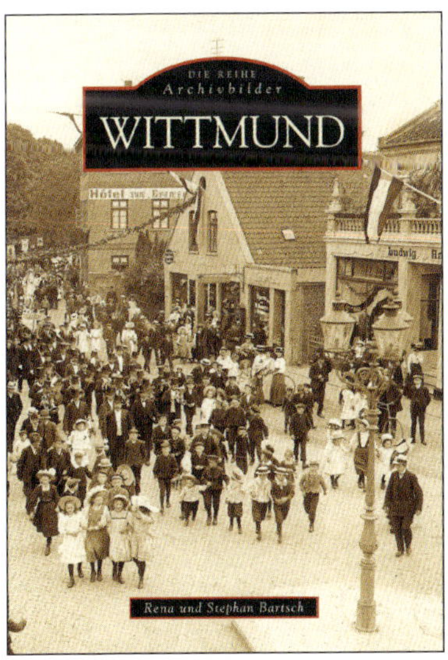

ISBN 978-3-89702-456-4